L'anthologie sur
La révolte en ɪ

Les révoltes adolescentes de jeunes poètes

La révolte contre la misère sociale

La révolte contre l'oppression et la tyrannie

La révolte conte le colonialisme et le racisme

La révolte métaphysique : la foi religieuse en question

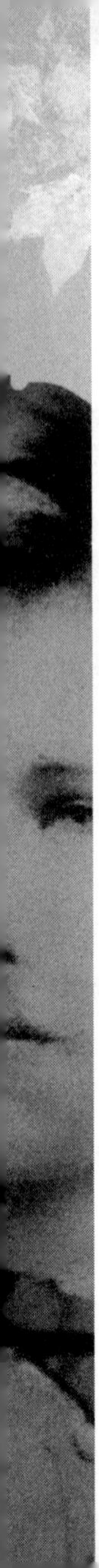

Le dossier

FICHES DE LECTURE

POUR APPROFONDIR SA LECTURE

THÈME ET DOCUMENTS

POUR COMPARER

Thème > L'ivresse d'aimer

OBJECTIF BAC

POUR S'ENTRAÎNER

> Sujets d'écrit

> Sujets d'oral

HISTOIRE DES ARTS

Peintres et artistes maudits

---

* Les images se trouvent en 2e et 3e de couverture, et dans l'encart en couleurs au centre du livre.

Qui est l'auteur ?

Arthur Rimbaud (1854-1891)

Un poète précoce et rebelle

• Né à Charleville en 1854, Rimbaud reçoit une éducation stricte. En classe, il est un excellent élève, qui se passionne pour la poésie. Mais, tout autant épris de liberté, Rimbaud est aussi un **fugueur récidiviste**.

• À 16 ans, Rimbaud se révolte contre tout ce qui représente l'ordre. À l'inverse, l'**insurrection révolutionnaire** de la Commune (mars-mai 1871) l'enthousiasme.

Un poète « voyant », explorateur de l'« inconnu »

• Mai 1871 : dans deux lettres dites du « Voyant » il assigne au poète la mission de changer le monde par la découverte de l'« inconnu ». Comment ? « Par un long, immense et raisonné **dérèglement de tous les sens**. »

• Juillet 1872 : Rimbaud noue une relation homosexuelle avec Verlaine. Tous deux mènent une existence errante, faite de poésie, d'alcool et de drogue. Le 10 juillet 1873, Verlaine blesse Rimbaud de deux coups de revolver. *Une saison en enfer* (1873) dresse le constat de **l'échec du « voyant »**, menacé de folie.

• Entre 1873 et 1875, Rimbaud compose les poèmes des *Illuminations*, publiés en 1886. Ce sont de **brefs poèmes en prose**, où le langage évolue en toute liberté.

Un aventurier du désert

• À 20 ans, Rimbaud renonce à la poésie pour devenir un **aventurier**. Il est tour à tour en Abyssinie, en Arabie, à Aden, dans le désert du Harar. Un cancer des os l'oblige à rentrer en France. Rimbaud meurt le 10 novembre 1891 à 37 ans, après avoir radicalement bouleversé la poésie.

1870 Rimbaud recopie ses poèmes dans deux *cahiers de classe*

⇨ La mise au point d'un manuscrit

• Le 11 octobre 1870, Rimbaud arrive à Douai, où l'accueille Georges Izambard, son professeur, avec lequel il s'est lié d'amitié.
• Georges Izambard, qui a remarqué la précocité de son talent, l'encourage à se faire publier.
• Durant les trois semaines de son séjour à Douai, Rimbaud corrige et recopie dans deux cahiers vingt-deux poèmes qu'il a composés les mois précédents. Ceux-ci ne seront finalement publiés que plus tard, en 1888 et 1893.

⇨ Une écriture encore classique

• Œuvre d'un poète de 16 ans, les poèmes de ces *Cahiers* témoignent de l'exceptionnelle virtuosité de leur auteur.
• Rimbaud n'en demeure pas moins influencé par ses lectures, parfois scolaires : notamment de Victor Hugo, Baudelaire ou Théodore de Banville.
• Son écriture poétique reste encore marquée par une certaine tradition : usage fréquent de l'alexandrin, plus rarement de l'octosyllabe ; prédominance des quatrains, du sonnet.

⇨ Une écriture déjà rebelle

• Ces *Cahiers de Douai* laissent toutefois transparaître un caractère et une évidente originalité.
• Les poèmes y sont le cri d'un révolté : contre la religion, contre la société, le Second Empire et la guerre. La rage s'y accompagne de dérision et de moquerie.
• Des audaces d'écriture surgissent : emploi d'un vocabulaire familier, nombreux rejets et contre-rejets, images inattendues. Avec *Les Cahiers de Douai*, Rimbaud achève son apprentissage poétique.

Quel est le contexte historique ?

La France de Rimbaud connaît une forte période de bouleversements sur les plans politique, économique et social.

Sur le plan politique

La guerre franco-prussienne de 1870

- 19 juillet 1870 : Napoléon III déclare la guerre à la Prusse. Le conflit tourne vite à la catastrophe.
- 2 septembre 1870 : désastre de Sedan ; l'Empereur est fait prisonnier.
- 4 septembre 1870 : **chute du Second Empire** ; proclamation de la Troisième République.
- 18 septembre 1870 : entrée des troupes allemandes dans Paris.
- 28 janvier 1871 : signature d'un armistice entre les deux pays.

La Troisième République et la Commune de Paris

- Les Parisiens refusent cet armistice, le gouvernement est contraint de se replier à Versailles.
- 18 mars 1871 : constitution d'un gouvernement révolutionnaire à Paris : **la Commune**.
- 23 au 28 mai 1871 : la Commune est écrasée dans le sang par les Versaillais ; c'est la « semaine sanglante ».

La Commune de Paris : les canons à Montmartre (avril 1871).

Que se passe-t-il à l'époque ?

1854	1853-1856	1860	18
Naissance de Rimbaud	Guerre de Crimée	Nice et la Savoie deviennent françaises	Guerre franco-prussienne • proclamation de la IIIe République • perte de l'Alsace et de la Lorra

1852 -1870 : Second Empire

Sur le plan économique

La naissance d'un capitalisme industriel

• Le Second Empire connaît un **vif essor économique** : développement des banques, du crédit, apparition de grands groupes industriels, production massive d'acier favorisant les constructions métalliques (ponts, viaducs).
• Le progrès scientifique touche à peu près tous les domaines (médecine, chimie...).
• Les **progrès techniques** sont considérables : développement des chemins de fer, premières automobiles, premières photographies, premier avion (1890).

L'essor des villes

• Le **baron Hausmann** remodèle le visage de Paris : ouverture de grands boulevards, construction d'immeubles modernes, assainissement des eaux, apparition d'un éclairage public, au gaz.
• Les grandes villes de province font de même, comme Lyon et Bordeaux.
• Les **grands magasins** se multiplient ainsi que les industries du luxe, les grands hôtels.

Sur le plan social

Une société à deux visages

• D'un côté, le développement économique favorise l'enrichissement d'une **bourgeoisie d'affaires**, habitant le centre des villes. D'un autre côté, le capitalisme industriel crée un **prolétariat**, issu de l'exode rural. Il s'agglutine dans les banlieues et en périphérie des villes. Pour lui, le salariat est un esclavage.
• La « **question sociale** » (le sort de la condition ouvrière, le temps de travail, les salaires, le travail des enfants...) soulève de vifs débats sur les modes de production et la répartition des richesses.

378	1880	1882	1889	1891
xposition niverselle à Paris	Le 14 juillet devient fête nationale	Lois scolaires de Jules Ferry	Exposition universelle à Paris	MORT DE RIMBAUD

1870- 1940 : Troisième République

Quel est le contexte littéraire et culturel ?

La seconde moitié du XIXe siècle voit le déclin du romantisme, qui a régné presque sans partage jusqu'en 1848. Tous les genres littéraires cherchent alors à se renouveler.

L'évolution de la poésie : Baudelaire, le Parnasse et le symbolisme

• Baudelaire (1821-1867) marque avec *Les Fleurs du mal* (1857) une évolution majeure de la poésie : il l'ouvre à la modernité, en affirme l'autonomie absolue par rapport à toute autre considération et l'oriente vers **l'exploration des profondeurs intimes de l'individu.**

• Contre les épanchements lyriques du romantisme, le Parnasse privilégie la forme sur le contenu, la technique sur l'inspiration. Théophile Gautier (1811-1872) prône « **l'art pour l'art** » et Théodore de Banville (1823-1891) insiste sur le « travail » poétique.

• À l'inverse du matérialisme, le symbolisme ne croit pas que le monde se réduise à ses seules apparences. Derrière le Visible il y a, pour lui, l'**Invisible**, dont il convient de déceler les signes. Le symbolisme se veut donc **un art de la suggestion**, de la musicalité. Verlaine (1844-1896 ; *Romances sans paroles*, 1874) et Mallarmé (1842-1898 ; *Poésies*, 1870) en sont chacun à leur manière les représentants.

La revue fantaisiste de Théophile Gautier, illustrée par Bresdin (1861).

Que se passe-t-il sur le plan littéraire et culturel ?

1854	1857	1859-1862	1870	
NAISSANCE DE RIMBAUD	Baudelaire, *Les Fleurs du mal* • Flaubert, *Madame Bovary*	Hugo, *Les Misérables*	**Rimbaud, *Les Cahiers de Douai***	
1850-1870 : Le réalisme				1866-18 Le Parn

L'évolution du roman : réalisme et naturalisme

• Le roman tend vers **une description de plus en plus précise du réel** : place est désormais aux faits, au concret. C'est le temps du réalisme (1850-1870). Même s'il en rejette l'étiquette, Flaubert (1821-1880) avec *Madame Bovary* (1857) et Maupassant (1850-1893) avec *Bel-Ami* (1885) illustrent ce courant.

• Le naturalisme cherche à décrire le réel en expliquant le plus scientifiquement possible les raisons pour lesquelles le réel est tel qu'il est. Zola (1840-1902) en est à la fois le théoricien et le chef de file. Sa vaste fresque des *Rougon-Macquart* (vingt romans publiés de 1871 à 1893) se veut une « **histoire naturelle et sociale d'une famille** sous le Second Empire ».

L'évolution du théâtre : le vaudeville et le mélodrame

• Après l'échec du drame romantique (des *Burgraves* d'Hugo en 1843), le théâtre explore de nouvelles voies, sans toutefois créer de vrais chefs-d'œuvre. **Alexandre Dumas fils** (1824-1895) prône un théâtre moral et socialement utile. *La Dame aux Camélias* (1852) est son plus grand succès.

• Le vaudeville triomphe sous le Second Empire avec Labiche (1815-1888 ; *Le Voyage de monsieur Perrichon*, 1860) et, plus tard, avec Feydeau (1862-1921 ; *La Dame de chez Maxim*, 1899). C'est un type de **comédie cocasse** et pleine de rebondissements qui ne vise qu'à divertir.

• Le mélodrame se caractérise par la complexité de ses intrigues, les bons sentiments et la violence des passions. Il cherche avant tout à susciter **la pitié et les larmes**, par exemple dans *Les Deux Orphelines* (1874) de D'Ennery (1811-1899).

71-1893	1873	1873-1875	1874	1891
a, Les Rougon-Macquart	Rimbaud, *Une saison en enfer*	Rimbaud, *Les Illuminations*	Verlaine, *Romance sans paroles*	MORT DE RIMBAUD
1871-1893 : Le naturalisme			1886-1895 : Le symbolisme	

Les Cahiers de Douai : la fiche d'identité

Composition du recueil

• *Les Cahier de Douai* sont composés de **vingt-deux poèmes** rassemblés par Rimbaud en 1870, publiés partiellement en 1888 et dans leur intégralité en 1893. On y distingue cinq cycles :

• Le cycle de la **sensualité** et des **émotions amoureuses** composé de huit poèmes allant de la rêverie amoureuse à l'amourette, de la déclaration d'amour à l'hymne à l'amour universel : « Les Réparties de Nina », « Première soirée », « Sensation », « Roman », « Ophélie », « Soleil et chair », « Rêvé pour l'hiver », « Le Buffet ».

• Le cycle de la **satire grinçante et enjouée** composé de trois poèmes : « Vénus anadyomène », parodie de la beauté idéale ; « Bal des pendus », allègre danse des pendus ; « À la musique », satire des traditions musicales bourgeoises.

• Le cycle de la **condamnation de la guerre** composé de cinq poèmes liés à la guerre franco-prussienne de 1870 : « Morts de quatre-vingt-douze… », « Le Mal », « L'Éclatante victoire de Sarrebruck », « Rages de Césars », « Le Dormeur du val ».

• Le cycle de la **révolte sociale et politique** composé de trois poèmes : « Le Forgeron », contre la tyrannie ; « Les Effarés », contre la misère ; « Le Châtiment de Tartufe », contre l'hypocrisie religieuse.

• Le cycle de la **bohème**, de la **liberté** et du **bonheur de vivre** avec trois poèmes : « Au Cabaret-Vert », « La Maline », « Ma Bohème ».

Versification

• L'**alexandrin** (12 syllabes) est le vers le plus fréquemment utilisé par Rimbaud, ensuite vient l'octosyllabe (8 syllabes). On trouve aussi le vers de quatre syllabes, utilisé en alternance avec l'octosyllabe, par exemple dans « Les Réparties de Nina » ou « Les Effarés ».

• Les rimes sont variées : rimes plates sur le modèle AABB dans, par exemple, « Soleil et chair » ou « Le Forgeron » ; **rimes croisées**, les plus fréquentes, sur le modèle ABAB ; rimes embrassées sur le modèle ABBA dans, par exemple, « Ma Bohème ».

Forme des poèmes

• Le **sonnet**, poème à forme fixe parce qu'il comporte obligatoirement quatorze vers, répartis en deux quatrains et deux tercets, est présent dans douze poèmes sur les vingt-deux du recueil.

• Rimbaud use aussi du **poème narratif**, appelé ainsi parce qu'il raconte une histoire, souvent sous forme dialoguée. Certains sont organisés en une succession de quatrains (« Les Reparties de Nina », « Première soirée » ou « Roman »), d'autres sont constitués de longues strophes (« Soleil et chair » ou « Le Forgeron »).

• Un seul poème est formé de deux quatrains : « Sensation ».

Trois clés pour entrer dans l'oeuvre

• L'écriture poétique : une variété de registres (l'épopée, la satire, le lyrisme).
• La révolte, ses mobiles et ses expressions.
• Peindre avec des mots : le jeu des couleurs, la caricature.

Les Cahiers de Douai (1870)

La prédominance des champs lexicaux du toucher, de l'odorat, de l'ouïe et de la vue explique d'autant mieux le titre du poème que la parole et la pensée s'en veulent absentes.

Sensation

Par les soirs bleus d'été, j'irai dans les sentiers,
Picoté[1] par les blés, fouler l'herbe menue :
Rêveur, j'en sentirai la fraîcheur à mes pieds.
Je laisserai le vent baigner ma tête[2] nue.

Je ne parlerai pas, je ne penserai rien :
Mais l'amour infini me montera dans l'âme,
Et j'irai loin, bien loin, comme un bohémien,
Par[3] la Nature, — heureux comme avec une femme.

Mars 1870.

1. **Picoté** : piqué légèrement.
2. **Baigner ma tête** : souffler autour de ma tête.
3. **Par** : à travers.

Page 17

« Sensation »

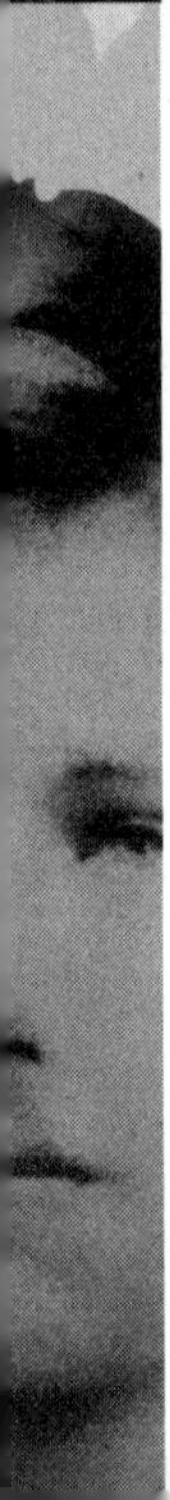

1

Que décrivent les deux quatrains ?

- Le premier quatrain évoque une promenade estivale et nocturne (« par les soirs bleus d'été », v. 1) dans la campagne (référence aux blés et à « l'herbe menue », v. 2).
- Dans le deuxième quatrain, cette promenade se transforme en état d'âme. Le paysage extérieur s'intériorise (v. 6).
- La personnification de la « Nature » (v. 8) suggère une volonté de se fondre dans celle-ci, de ne plus faire qu'un avec elle. D'où la disparition de la pensée et de la parole, et la place centrale accordée aux sensations. C'est le bonheur d'être au monde.

2

Que suggèrent les temps verbaux ?

- Tous les verbes conjugués sont au futur de l'indicatif : « j'irai » (v. 1), « je sentirai » (v. 3), « je ne parlerai pas » (v. 5).
- Concernant par définition des faits non encore advenus, ces futurs indiquent que la promenade n'est qu'envisagée, rêvée.
- Cette dimension ainsi suggérée du rêve explique la formule : « j'irai loin, bien loin » (v. 7) : il s'agit désormais d'une évasion, au moins par la pensée.

3

Quelles significations donner à la structure et à la comparaison du dernier vers ?

- « Par la Nature » est un rejet externe, qui met fortement en valeur le groupe nominal.
- Séparée par un tiret de ce groupe, la comparaison « heureux comme avec une femme » est également un rejet externe, puisqu'elle est grammaticalement une apposition au « je » de « j'irai ».
- La comparaison projette, par moquerie et sarcasme, sa sensualité sur la Nature et non pas sur la femme.

DÉFINITION CLÉ

Le rejet externe

Un rejet externe consiste à « rejeter » au début du vers suivant un élément qui se rattache étroitement au vers précédent : « Par la nature » dépend du verbe « j'irai » (v. 7). Le second rejet est encore plus fort que le premier puisqu'un tiret l'isole.

Ce poème est un hymne à la genèse du monde, au temps primitif où tout était neuf, beau, où l'amour (Vénus, la déesse de l'amour) régnait en maître absolu, dans une innocence parfaite. L'urbanisation et l'industrialisation n'avaient pas encore enlaidi le monde. Le christianisme n'avait pas encore introduit les notions de péché et de culpabilité.
Ce poème est aussi un éblouissant exercice de style : passionné de mythologie gréco-romaine, Rimbaud y jongle avec les dieux et les déesses.

Soleil et chair

Le Soleil, le foyer de tendresse et de vie,
Verse l'amour brûlant à la terre ravie,
Et, quand on est couché sur la vallée, on sent
Que la terre est nubile[1] et déborde de sang[2] ;
Que son immense sein, soulevé par une âme,
Est d'amour comme dieu, de chair comme la femme,
Et qu'il renferme, gros[3] de sève et de rayons,
Le grand fourmillement de tous les embryons[4] !

Et tout croît, et tout monte !
— Ô Vénus[5], ô Déesse !
Je regrette les temps de l'antique jeunesse,

ooo

1. Nubile : en âge d'avoir des enfants.
2. Sang : sang menstruel (des règles).
3. Gros : plein.
4. Embryons : organismes en voie de développement.
5. Vénus : déesse de l'amour dans la mythologie gréco-romaine.

Des satyres lascifs, des faunes animaux[1],
Dieux qui mordaient d'amour l'écorce des rameaux[2]
Et dans les nénufars baisaient la Nymphe[3] blonde !
Je regrette les temps où la sève du monde,
L'eau du fleuve, le sang[4] rose des arbres verts
Dans les veines de Pan[5] mettaient un univers !
Où le sol palpitait, vert, sous ses pieds de chèvre ;
Où, baisant mollement le clair syrinx[6], sa lèvre
Modulait sous le ciel le grand hymne d'amour ;
Où, debout sur la plaine, il entendait autour
Répondre à son appel la Nature vivante ;
Où les arbres muets, berçant l'oiseau qui chante,
La terre berçant l'homme, et tout l'Océan bleu
Et tous les animaux aimaient, aimaient en Dieu !
Je regrette les temps de la grande Cybèle[7]
Qu'on disait parcourir, gigantesquement belle,
Sur un grand char d'airain[8], les splendides cités ;

1. Comprenons : je regrette le temps où vivaient des satyres sensuels et des faunes brutaux. Les satyres étaient des divinités mythologiques, à corps d'homme, avec des cornes et des pieds de bouc et les faunes, des divinités champêtres, velues, à cornes et pieds de chèvre.

2. Rameaux : petites branches d'un arbre.

3. Nymphe : divinité représentée sous les traits d'une jeune fille, qui personnifiait la Nature sous tous ses aspects.

4. Le sang : la sève ; la couleur rose fait image et crée un contraste avec le vert des arbres.

5. Pan : dieu des bergers et de la Nature.

6. Syrinx : organe du chant chez les oiseaux ; par extension, instrument de musique plus connu sous le nom de flûte de Pan. Il est très rare que le mot soit comme ici masculin, il est plus souvent féminin.

7. Cybèle : déesse mère de la terre, de la mer et des cieux.

8. Airain : bronze.

Son double sein versait dans les immensités
Le pur ruissellement de la vie infinie.
L'Homme suçait, heureux, sa mamelle bénie,
Comme un petit enfant, jouant sur ses genoux.
— Parce qu'il était fort, l'Homme était chaste et doux.

Misère ! Maintenant il dit : Je sais les choses,
Et va, les yeux fermés et les oreilles closes.
— Et pourtant, plus de dieux ! plus de dieux ! l'Homme est Roi,
L'Homme est Dieu ! Mais l'Amour, voilà la grande Foi !
Oh ! si l'homme puisait encore à ta mamelle,
Grande mère des dieux et des hommes, Cybèle ;
S'il n'avait pas laissé l'immortelle Astarté[1]
Qui jadis, émergeant dans l'immense clarté
Des flots bleus, fleur de chair que la vague parfume,
Montra son nombril rose où vint neiger l'écume,
Et fit chanter, Déesse aux grands yeux noirs vainqueurs,
Le rossignol aux bois et l'amour dans les cœurs !

II

Je crois en toi ! je crois en toi ! Divine mère,
Aphrodité[2] marine ! — Oh ! la route est amère
Depuis que l'autre Dieu[3] nous attelle à sa croix[4] ;
Chair, Marbre, Fleur, Vénus, c'est en toi que je crois !

ooo

1. **Astarté** : déesse phénicienne de la fécondité, confondue par la suite avec Vénus.

2. **Aphrodité** : transcription grecque d'Aphrodite, déesse de l'amour, confondue par les Romains avec Vénus.

3. **L'autre Dieu** : le Christ.

4. **La croix** : la croix sur laquelle le Christ a été crucifié.

— Oui, l'Homme est triste et laid, triste sous le ciel vaste,
Il a des vêtements, parce qu'il n'est plus chaste,
Parce qu'il a sali son fier buste de dieu,
Et qu'il a rabougri[1], comme une idole au feu,
Son corps Olympien[2] aux servitudes sales !
Oui, même après la mort, dans les squelettes pâles
Il veut vivre, insultant la première beauté !
— Et l'Idole[3] où tu mis tant de virginité,
Où tu divinisas notre argile, la Femme,
Afin que l'Homme pût éclairer sa pauvre âme
Et monter lentement, dans un immense amour,
De la prison terrestre à la beauté du jour,
La Femme ne sait plus même être Courtisane !
— C'est une bonne farce ! et le monde ricane
Au nom doux et sacré de la grande Vénus !

III

Si les temps revenaient, les temps qui sont venus !
— Car l'Homme a fini ! l'Homme a joué tous les rôles !
Au grand jour, fatigué de briser des idoles
Il ressuscitera, libre de tous ses Dieux,
Et, comme il est du ciel, il scrutera[4] les cieux !
L'Idéal, la pensée invincible, éternelle,
Tout le dieu qui vit, sous son argile charnelle,
Montera, montera, brûlera sous son front !

1. **Rabougri** : pris un aspect chétif, malingre.

2. **Olympien** : divin, l'Olympe étant dans la mythologie grecque le séjour des dieux.

3. **Idole** : au sens étymologique d'« image sacrée » ; il s'agit ici de la Femme, symbole de l'Amour.

4. **Scrutera** : examinera.

Et quand tu le verras sonder tout l'horizon,
Contempteur des vieux jougs[1], libre de toute crainte,
Tu viendras lui donner la Rédemption sainte[2] !
— Splendide, radieuse, au sein des grandes mers
Tu surgiras, jetant sur le vaste Univers
L'Amour infini dans un infini sourire !
Le Monde vibrera comme une immense lyre[3]
Dans le frémissement d'un immense baiser !

— Le Monde a soif d'amour : tu viendras l'apaiser.
....

Ô ! L'Homme a relevé sa tête libre et fière !
Et le rayon soudain de la beauté première
Fait palpiter le dieu dans l'autel de la chair[4] !
Heureux du bien présent, pâle du mal souffert,
L'Homme veut tout sonder[5], — et savoir ! La Pensée,
La cavale[6] longtemps, si longtemps oppressée
S'élance de son front ! Elle saura Pourquoi !...
Qu'elle bondisse libre, et l'Homme aura la Foi !

ooo

---

1. Comprenons : méprisant les vieilles soumissions.

2. La Rédemption sainte : au sens strict, la Rédemption est le salut de l'âme apporté, dans la religion chrétienne, par le Christ ; d'où l'adjectif qualificatif « sainte ». Rimbaud emploie ici l'expression dans un sens païen, puisque cette Rédemption vient de Vénus, de la déesse de l'amour.

3. Lyre : instrument de musique à cordes utilisé dans l'Antiquité (et d'où vient le mot de « lyrisme »).

4. L'Homme est un dieu ; d'où l'image de « l'autel de la chair » pour désigner le corps.

5. Sonder : explorer.

6. La cavale : Rimbaud joue sur les deux sens du mot. Une cavale est une jument de race et désigne par ailleurs une fuite après évasion.

— Pourquoi l'azur[1] muet et l'espace insondable ?
Pourquoi les astres d'or fourmillant comme un sable[2] ?
Si l'on montait toujours, que verrait-on là-haut ?
Un Pasteur[3] mène-t-il cet immense troupeau
De mondes cheminant dans l'horreur de l'espace ?
Et tous ces mondes-là, que l'éther[4] vaste embrasse,
Vibrent-ils aux accents d'une éternelle voix ?
— Et l'Homme, peut-il voir ? peut-il dire : Je crois ?
La voix de la pensée est-elle plus qu'un rêve ?
Si l'homme naît si tôt, si la vie est si brève,
D'où vient-il ? Sombre-t-il dans l'Océan profond
Des Germes, des Fœtus, des Embryons[5], au fond
De l'immense Creuset[6] d'où la Mère-Nature
Le ressuscitera, vivante créature,
Pour aimer dans la rose, et croître dans les blés ?...

Nous ne pouvons savoir ! — Nous sommes accablés
D'un manteau d'ignorance et d'étroites chimères[7] !

---

1. **Azur** : ciel.

2. Les astres sont aussi nombreux que des grains de sable.

3. **Pasteur** : Dieu.

4. **L'éther** : le ciel.

5. Les germes sont une partie de la semence qui, en se développant, forme la plante ; les fœtus s'appliquent à la conception de l'être humain ; les embryons concernent aussi bien les animaux que les êtres humains. L'idée est que dans la Nature rien ne se perd, tout se transforme.

6. Le mot « creuset » renvoie à une image. Il suggère l'idée d'un chaudron (grosse marmite) où la Nature fait bouilloner la vie.

7. **Chimères** : illusions, rêves.

Singes d'hommes[1] tombés de la vulve[2] des mères,
Notre pâle raison nous cache l'infini !
Nous voulons regarder : — le Doute nous punit !
Le doute, morne oiseau, nous frappe de son aile…
— Et l'horizon s'enfuit d'une fuite éternelle !...

....

Le grand ciel est ouvert ! les mystères sont morts
Devant l'Homme, debout, qui croise ses bras forts
Dans l'immense splendeur de la riche nature !
Il chante… et le bois chante, et le fleuve murmure
Un chant plein de bonheur qui monte vers le jour !...
— C'est la Rédemption[3] ! c'est l'amour ! c'est l'amour !...

....

IV

Ô splendeur de la chair ! ô splendeur idéale !
Ô renouveau d'amour, aurore triomphale
Où, courbant à leurs pieds les Dieux et les Héros,
Kallipige[4] la blanche et le petit Éros[5]
Effleureront, couverts de la neige des roses,
Les femmes et les fleurs sous leurs beaux pieds écloses !

ooo

1. Singes d'hommes : ébauches d'hommes, parce que la « pâle raison » ne permet pas de tout comprendre.

2. Vulve : sexe féminin, orifice extérieur du vagin.

3. Rédemption : voir note 2, p. 23.

4. Kallipige : épithète qualifiant traditionnellement Vénus et signifiant « qui a de belles fesses ».

5. Éros : fils de Vénus, dieu grec de l'amour.

Ô grande Ariadné[1], qui jettes tes sanglots
Sur la rive, en voyant fuir là-bas sur les flots,
Blanche sous le soleil, la voile de Thésée,
Ô douce vierge enfant qu'une nuit a brisée,
Tais-toi ! Sur son char d'or brodé de noirs raisins,
Lysios[2], promené dans les champs Phrygiens[3]
Par les tigres lascifs[4] et les panthères rousses,
Le long des fleuves bleus rougit les sombres mousses.
Zeus, Taureau, sur son cou berce comme une enfant
Le corps nu d'Europé[5], qui jette son bras blanc
Au cou nerveux du Dieu frissonnant dans la vague,
Il tourne lentement vers elle son œil vague ;
Elle, laisse traîner sa pâle joue en fleur
Au front de Zeus ; ses yeux sont fermés ; elle meurt
Dans un divin baiser, et le flot qui murmure
De son écume d'or fleurit sa chevelure.
— Entre le laurier-rose et le lotus jaseur[6]
Glisse amoureusement le grand Cygne rêveur
Embrassant la Léda[7] des blancheurs de son aile ;
— Et tandis que Cypris[8] passe, étrangement belle,

---

1. Ariadné : Ariane, fille du roi de Crète Minos, qui aida Thésée, roi légendaire d'Athènes, à sortir du labyrinthe où il était allé tuer le Minotaure, et que Thésée abandonna ensuite sur l'île de Naxos. Ariane était la sœur de Phèdre.

2. Lysios : un des noms de Bacchus, le dieu du vin et de la vigne.

3. Les champs Phrygiens : l'Asie mineure.

4. Lascifs : sensuels.

5. Europé : Europe, que Zeus enleva en se métamorphosant en taureau.

6. Lotus jaseur : nénuphar méditerranéen que Rimbaud qualifie de « jaseur » (de bavard) en raison des oiseaux ou des petits batraciens qui peuvent s'y poser.

7. Léda : reine de Sparte que Zeus séduisit en se métamorphosant en cygne.

8. Cypris : surnom d'Aphrodite, déesse grecque de l'amour.

Et, cambrant les rondeurs splendides de ses reins,
Étale fièrement l'or de ses larges seins
Et son ventre neigeux brodé de mousse noire[1],
— Héraclès[2], le Dompteur, qui, comme d'une gloire,
Fort, ceint son vaste corps de la peau du lion[3],
S'avance, front terrible et doux, à l'horizon !

Par la lune d'été vaguement éclairée,
Debout, nue, et rêvant dans sa pâleur dorée
Que tache le flot lourd de ses longs cheveux bleus,
Dans la clairière sombre où la mousse s'étoile,
La Dryade regarde au ciel silencieux...
— La blanche Séléné[4] laisse flotter son voile,
Craintive, sur les pieds du bel Endymion[5],
Et lui jette un baiser dans un pâle rayon...
— La Source pleure au loin dans une longue extase...
C'est la Nymphe qui rêve, un coude sur son vase[6],
Au beau jeune homme blanc que son onde a pressé.
— Une brise d'amour dans la nuit a passé,
Et, dans les bois sacrés, dans l'horreur des grands arbres,

ooo

1. Et son ventre blanc comme de la neige brodé de plumes (qui donnent l'illusion de la mousse) noires.

2. Héraclès : Hercule, fils de Zeus, auteur des fameux douze travaux.

3. Peau du lion : le lion de Némée tué par Hercule, qui réalisa ainsi le premier de ses douze travaux.

4. Séléné : sœur d'Hélios (le Soleil) et personnification de la Lune.

5. Endymion : jeune et beau berger aimé de Séléné que celle-ci plongea dans un sommeil éternel pour lui conserver sa beauté.

6. Vase : la Nymphe, divinité féminine de la Nature, est souvent représentée avec un vase, source de vie.

Majestueusement debout, les sombres Marbres[1],
Les Dieux, au front desquels le Bouvreuil[2] fait son nid,
— Les Dieux écoutent l'Homme et le Monde infini !

Mai [18]70.

1. Sombres marbres : le marbre des statues représentant les dieux.

2. Bouvreuil : passereau (oiseau) des bois et des jardins, qui est ici personnifié par l'emploi de la majuscule.

Ce poème est un double hommage: au dramaturge anglais William Shakespeare (1564-1616) et à l'un de ses personnages féminins, Ophélia, qui apparaît dans Hamlet *(1603). C'est aussi une variation sur un tableau d'Eugène Delacroix,* La Mort d'Ophélie *(1853).*

Ophélie

I

Sur l'onde calme et noire où dorment les étoiles
La blanche Ophélia[1] flotte comme un grand lys,
Flotte très lentement, couchée en ses longs voiles...
— On entend dans les bois lointains des hallalis[2].

Voici plus de mille ans que la triste Ophélie
Passe, fantôme blanc, sur le long fleuve noir ;
Voici plus de mille ans que sa douce folie[3]
Murmure sa romance[4] à la brise du soir.

Le vent baise ses seins et déploie en corolle[5]
Ses grands voiles bercés mollement par les eaux ;
Les saules frissonnants pleurent sur son épaule,
Sur son grand front rêveur s'inclinent les roseaux.

ooo

1. **Ophélia** : dans *Hamlet* de Shakespeare (1603), Ophélia est une jeune fille qui se noie accidentellement.

2. **Hallalis** : lors d'une chasse à courre, cris poussés lors de la mise à mort de l'animal traqué.

3. Ophélie est devenue folle après qu'Hamlet, son amant, l'a abandonnée.

4. **Romance** : chanson sentimentale. Dans *Hamlet,* Ophélia chante plusieurs romances.

5. **Corolle** : ensemble des pétales d'une fleur.

Les nénuphars froissés soupirent autour d'elle ;
Elle éveille parfois, dans un aune[1] qui dort,
Quelque nid, d'où s'échappe un petit frisson d'aile :
— Un chant mystérieux tombe des astres d'or.

II

Ô pâle Ophélia ! belle comme la neige !
Oui tu mourus, enfant, par un fleuve emporté !
— C'est que les vents tombant des grands monts de Norwège[2]
T'avaient parlé tout bas de l'âpre[3] liberté ;

C'est qu'un souffle, tordant ta grande chevelure,
À ton esprit rêveur portait d'étranges bruits ;
Que ton cœur écoutait le chant de la Nature
Dans les plaintes de l'arbre et les soupirs des nuits ;

C'est que la voix des mers folles, immense râle,
Brisait ton sein d'enfant, trop humain et trop doux ;
C'est qu'un matin d'avril, un beau cavalier pâle,
Un pauvre fou[4], s'assit muet à tes genoux !

---

1. Aune : arbre poussant dans des lieux humides.

2. Erreur de Rimbaud, l'action d'*Hamlet* ne se déroule pas en Norvège, mais dans le château d'Elseneur, au Danemark.

3. Âpre : rude, difficile à assumer.

4. Un pauvre fou : Hamlet lui-même, qui feignit la folie pour échapper à la mort, et qui a délaissé Ophélie.

Ciel ! Amour ! Liberté ! Quel rêve, ô pauvre Folle !
Tu te fondais à lui[1] comme une neige au feu :
Tes grandes visions étranglaient ta parole
— Et l'Infini terrible effara[2] ton œil bleu !

III

— Et le Poète[3] dit qu'aux rayons des étoiles
Tu viens chercher, la nuit, les fleurs que tu cueillis[4],
Et qu'il a vu sur l'eau, couchée en ses longs voiles,
La blanche Ophélia flotter, comme un grand lys.

1. Tu te fondais à lui : tu te blottissais contre lui.

2. Effara : effraya.

3. Le Poète : Shakespeare lui-même.

4. Dans *Hamlet*, Ophélia cueille des fleurs et les tresse en couronnes.

Page 29

« Ophélie »

1

Qui est Ophélie dans les quatre premiers quatrains ?

• Une noyée légendaire : elle « flotte » (v. 2) depuis « plus de mille ans » (v. 5 et 7).
• Une femme fleur : elle est comparée à un « grand lys » (v. 2) et, sous l'effet du vent, les « grands voiles » qui l'enveloppent, forment une « corolle » (v. 9).
• Une femme regrettée par la Nature : les saules « pleurent sur son épaule » (v. 11), les roseaux « s'inclinent » sur son front (v. 12), les nénuphars « soupirent » (v. 13).

2

En quoi les quatrains de la deuxième section (5 à 8) constituent-ils une oraison funèbre ?

• Par l'adresse directe du poète à Ophélia : c'est le passage de « elle » (dans la première section) à « tu » dans la deuxième section.
• Par le rappel du caractère d'Ophélia : caractère « rêveur » (v. 22) ; sensibilité exacerbée, volontiers élégiaque : elle écoute « les plaintes de l'arbre et les soupirs des nuits » (v. 24) ; croyance en l'amour absolu (v. 26-28).
• Par le rappel des circonstances de sa mort : à trop rêver d'amour et de liberté auprès d'un « pauvre fou », elle-même sombre dans la folie (v. 29-32).

3

Qui est le « Poète » mentionné au vers 33 ?

• Ce poète est William Shakespeare, dramaturge anglais (1564-1616), auteur notamment d'*Hamlet* (1603), où apparaît le personnage d'Ophélia.
• Ce « Poète » est présenté comme celui qui transmet les légendes : « le Poète dit » (v. 33). Il incarne la Parole.
• Tout le poème est donc un double tombeau littéraire (texte célébrant la gloire d'un défunt, d'un écrivain) : d'Ophélie d'abord, et de son créateur ensuite.

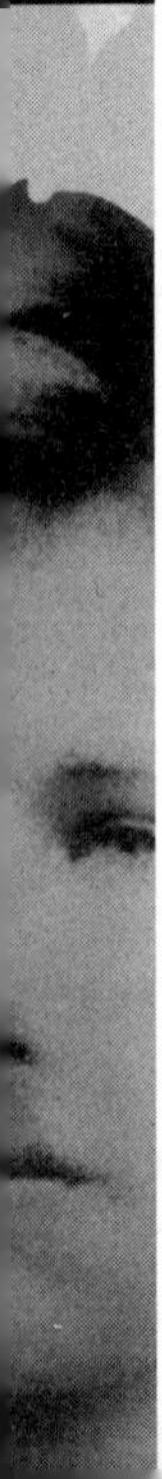

DÉFINITION CLÉ

L'oraison funèbre

Une oraison funèbre est, au sens strict, un discours ou un sermon prononcé à l'occasion des funérailles d'une personne illustre ; par extension, tout discours, généralement élogieux, s'adressant à un mort.

Au XVe siècle, François Villon avait écrit une pathétique « Ballade des pendus », alors que lui-même, condamné à mort, s'attendait à être pendu. Cette « ballade » est son chef-d'œuvre[1]. Chez Rimbaud, au contraire, l'évocation des pendus tourne à une grotesque danse macabre endiablée.

Bal des pendus

Au gibet[2] noir, manchot[3] aimable,
Dansent, dansent les paladins[4],
Les maigres paladins du diable,
Les squelettes de Saladins[5].

Messire Belzébuth[6] tire par la cravate
Ses petits pantins noirs grimaçant sur le ciel,
Et, leur claquant au front un revers de savate[7],
Les fait danser, danser aux sons d'un vieux Noël[8] !

ooo

1. Cette « Ballade des pendus » porte aussi le nom d'« Épitaphe Villon ». Le Parlement annulera la sentence et Villon ne sera pas pendu.

2. Gibet : potence, échafaud.

3. Manchot : l'adjectif se rapporte au « gibet », dont la poutre est comparée à un bras, à un seul bras.

4. Paladins : chevaliers errants du Moyen Âge en quête d'exploits.

5. Saladins : les soldats arabes qui combattirent au XIIe siècle sous les ordres de Saladin.

6. Belzébuth : nom du Diable dans la Bible.

7. Un revers de savate : d'un coup de savate (vieille chaussure usée) donné par la gauche.

8. Un vieux Noël : un vieux chant de Noël.

Et les pantins choqués enlacent leurs bras grêles[1] :
Comme des orgues noirs[2], les poitrines à jour
Que serraient autrefois les gentes damoiselles[3],
Se heurtent longuement dans un hideux amour.

Hurrah ! Les gais danseurs, qui n'avez plus de panse[4] !
On peut cabrioler[5], les tréteaux[6] sont si longs !
Hop ! qu'on ne sache plus si c'est bataille ou danse !
Belzébuth enragé racle ses violons[7] !

Ô durs talons, jamais on n'use sa sandale !
Presque tous ont quitté la chemise de peau :
Le reste est peu gênant et se voit sans scandale.
Sur les crânes, la neige applique un blanc chapeau :

Le corbeau fait panache[8] à ces têtes fêlées,
Un morceau de chair tremble à leur maigre menton :
On dirait, tournoyant dans les sombres mêlées[9],
Des preux[10], raides, heurtant armures de carton.

---

1. Grêles : minces, menus.

2. Orgues noirs : les bras sont comparés à des tuyaux d'orgues ; ils sont qualifiés de noirs parce que les condamnés à mort étaient revêtus d'une longue chemise noire.

3. Les gentes demoiselles : les jeunes filles nobles.

4. Panse : ventre.

5. Cabrioler : faire des cabrioles, des bonds en avant et en arrière.

6. Tréteaux : le plancher de l'estrade où est installé l'échafaud.

7. Racle ses violons : joue très mal du violon.

8. Fait panache : le « panache » désigne un assemblage de plumes servant d'ornement à un casque, par exemple. Ici, le corbeau, en se posant sur le crâne des pendus, semble leur faire un casque de ses plumes.

9. Sombres mêlées : combats dans lesquels on distingue mal les adversaires.

10. Preux : chevaliers courageux.

Hurrah ! La bise[1] siffle au grand bal des squelettes !
Le gibet noir mugit[2] comme un orgue de fer !
Les loups vont répondant des[3] forêts violettes :
À l'horizon, le ciel est d'un rouge d'enfer…

Holà, secouez-moi ces capitans[4] funèbres
Qui défilent, sournois, de leurs gros doigts cassés
Un chapelet d'amour sur leurs pâles vertèbres :
Ce n'est pas un moustier[5] ici, les trépassés[6] !

Oh ! voilà qu'au milieu de la danse macabre
Bondit dans le ciel rouge un grand squelette fou
Emporté par l'élan, comme un cheval se cabre :
Et, se sentant encor la corde raide au cou,

Crispe ses petits doigts sur son fémur qui craque
Avec des cris pareils à des ricanements,
Et, comme un baladin[7] rentre dans la baraque,
Rebondit dans le bal au chant des ossements.

Au gibet noir, manchot aimable,
Dansent, dansent les paladins,
Les maigres paladins du diable,
Les squelettes de Saladins.

---

1. Bise : vent sec et froid du nord.

2. Le gibet noir mugit : sous le sifflement du vent, le bois du gibet semble émettre un cri. La couleur noire rappelle la mort.

3. Des : depuis.

4. Capitans : soldats fanfarons et ridicules dans la *commedia dell'arte* italienne.

5. Moustier : monastère.

6. Trépassés : morts.

7. Baladin : type du bouffon de comédie, dansant maladroitement.

Après cinq années de censure de sa pièce, Molière (1622-1673) peut enfin faire jouer Tartuffe *(1669). Son personnage principal est un dévot hypocrite. Rimbaud le dépeint toujours en hypocrite mais aussi en débauché. Sous ce Tartuffe perce Napoléon III. Le poème est très anticlérical.*

Le Châtiment de Tartufe[1]

Tisonnant[2], tisonnant son cœur amoureux sous
Sa chaste robe noire, heureux, la main gantée,
Un jour qu'il s'en allait, effroyablement doux,
Jaune, bavant la foi[3] de sa bouche édentée,

Un jour qu'il s'en allait, « Oremus[4], » — un Méchant
Le prit rudement par son oreille benoîte[5]
Et lui jeta des mots affreux, en arrachant
Sa chaste robe noire autour de sa peau moite !

Châtiment !... Ses habits étaient déboutonnés,
Et le long chapelet[6] des péchés pardonnés
S'égrenant dans son cœur, Saint Tartufe était pâle !...

Donc, il se confessait, priait, avec un râle !
L'homme se contenta d'emporter ses rabats[7]...
— Peuh ! Tartufe était nu du haut jusques en bas !

1. Rimbaud écrit « Tartufe » avec un seul « f » par référence à l'origine italienne du nom. Tartufo était le nom d'un personnage traditionnel de la comédie.

2. Tisonnant : grattant.

3. Bavant sa foi : crachant ses prières.

4. Oremus : verbe latin signifiant « prions ».

5. Benoîte : Rimbaud joue sur les deux sens du mot : bénie et sournoise.

6. Chapelet : longue énumération.

7. Rabats : plastron noir, bordé de blanc, que portaient les prêtres.

Le 20 juin 1792, le peuple s'empare des Tuileries. Un boucher s'adresse alors à Louis XVI – le fait est authentique –, il lui décrit les souffrances des gens, leur misère, les injustices trop longtemps subies. La Révolution, dit-il, c'est le rêve d'une vie meilleure, plus digne, plus heureuse. Ce réquisitoire prononcé contre la monarchie doit se lire entre les lignes comme une condamnation sans appel du Second Empire.

Le Forgeron

Palais des Tuileries, vers le 10 août [17]92[1].

Le bras sur un marteau gigantesque, effrayant
D'ivresse et de grandeur, le front vaste, riant
Comme un clairon d'airain[2], avec toute sa bouche,
Et prenant ce gros-là dans son regard farouche,
Le Forgeron[3] parlait à Louis Seize, un jour
Que le Peuple était là, se tordant tout autour,
Et sur les lambris[4] d'or traînant sa veste sale.
Or le bon roi, debout sur son ventre,[5] était pâle,
Pâle comme un vaincu qu'on prend pour le gibet,
Et, soumis comme un chien, jamais ne regimbait[6],

ooo

1. 10 août 1792 : date de la chute de la royauté.

2. Comme un clairon d'airain : l'expression fait image pour dire que le forgeron « rit » très fort, aussi fort que le son d'un clairon, instrument de musique à vent ; l'airain est le nom poétique du bronze.

3. Forgeron : historiquement ce n'est pas un forgeron qui s'adressa au Roi, mais un boucher, du nom de Legendre.

4. Lambris : revêtements somptueux des plafonds dans un palais.

5. Debout sur son ventre : l'expression est caricaturale ; le roi est dépeint comme petit et gros, donc « debout sur son ventre ».

6. Regimbait : résistait, protestait.

Car ce maraud[1] de forge aux énormes épaules
Lui disait de vieux mots et des choses si drôles,
Que cela l'empoignait au front[2], comme cela !

« Or, tu sais bien, Monsieur[3], nous chantions tra la la
Et nous piquions les bœufs[4] vers les sillons des autres :
Le Chanoine[5] au soleil filait des patenôtres[6]
Sur des chapelets clairs grenés[7] de pièces d'or.
Le Seigneur[8], à cheval, passait, sonnant du cor[9],
Et l'un avec la hart[10], l'autre avec la cravache
Nous fouaillaient[11]. — Hébétés comme des yeux de vaches,
Nos yeux ne pleuraient plus ; nous allions, nous allions,
Et quand nous avions mis le pays en sillons[12],
Quand nous avions laissé dans cette terre noire
Un peu de notre chair… nous avions un pourboire :
On nous faisait flamber nos taudis dans la nuit ;
Nos petits y faisaient un gâteau fort bien cuit.

---

1. Maraud : misérable, vaurien.

2. L'empoignait au front : l'intéressait.

3. Monsieur : c'est ainsi que le boucher Legendre s'adressa effectivement à Louis XVI, qu'il n'appelle donc pas « Sire » ou « Majesté ».

4. Nous piquions les bœufs : nous aiguillonnons les bœufs (avec un long bâton muni d'une pointe de fer).

5. Chanoine : titre honorifique donné à un moine ou à un prêtre.

6. Patenôtres : prières, des « Notre Père » (Pater noster, en latin).

7. Grenés : avec des petits « grains » en or.

8. Le Seigneur : le maître des lieux, le châtelain.

9. Cor : instrument de musique à vent, en cuivre ou en laiton.

10. Hart : corde servant à pendre les condamnés.

11. Nous fouaillaient : nous accablaient de coups de fouet.

12. Quand nous avions mis le pays en sillons : quand nous avions labouré tout l'endroit (le « pays »).

… « Oh ! je ne me plains pas. Je te dis mes bêtises,
C'est entre nous. J'admets que tu me contredises.
Or, n'est-ce pas joyeux de voir, au mois de juin
Dans les granges entrer des voitures de foin
Énormes ? De sentir l'odeur de ce qui pousse,
Des vergers quand il pleut un peu, de l'herbe rousse ?
De voir des blés, des blés, des épis pleins de grain,
De penser que cela prépare bien du pain ?…
Oh ! plus fort[1], on irait, au fourneau qui s'allume,
Chanter joyeusement en martelant l'enclume[2],
Si l'on était certain de pouvoir prendre un peu,
Étant homme, à la fin !, de ce que donne Dieu !
— Mais voilà, c'est toujours la même vieille histoire !

« Mais je sais, maintenant ! Moi, je ne peux plus croire,
Quand j'ai deux bonnes mains, mon front[3] et mon marteau,
Qu'un homme vienne là, dague[4] sur le manteau,
Et me dise : Mon gars, ensemence[5] ma terre ;
Que l'on arrive encor[6], quand ce serait la guerre,
Me prendre mon garçon comme cela, chez moi !
— Moi, je serais un homme, et toi, tu serais roi,
Tu me dirais : Je veux !… — Tu vois bien, c'est stupide.
Tu crois que j'aime voir ta baraque splendide,

ooo

1. Plus fort : mieux, plus extraordinaire encore.

2. En martelant l'enclume : le forgeron frappe fort sur son enclume pour façonner le fer.

3. Mon front : ma pensée.

4. Dague : poignard.

5. Ensemence : sème des graines.

6. Encor : licence poétique pour « encore ».

Tes officiers dorés, tes mille chenapans[1],
Tes palsembleu[2] bâtards tournant comme des paons :
Ils ont rempli ton nid de l'odeur de nos filles
Et de petits billets[3] pour nous mettre aux Bastilles[4],
Et nous dirons : C'est bien : les pauvres à genoux !
Nous dorerons ton Louvre en donnant nos gros sous !
Et tu te soûleras, tu feras belle fête.
— Et ces Messieurs riront, les reins sur notre tête !

« Non. Ces saletés-là datent de nos papas !
Oh ! Le Peuple n'est plus une putain. Trois pas
Et, tous, nous avons mis ta Bastille en poussière.
Cette bête suait du sang à chaque pierre
Et c'était dégoûtant, la Bastille debout
Avec ses murs lépreux qui nous racontaient tout
Et, toujours, nous tenaient enfermés dans leur ombre !
— Citoyen ! citoyen ! c'était le passé sombre
Qui croulait, qui râlait[5], quand nous prîmes la tour[6] !
Nous avions quelque chose au cœur comme l'amour.
Nous avions embrassé[7] nos fils sur nos poitrines.
Et, comme des chevaux, en soufflant des narines
Nous allions, fiers et forts, et ça nous battait là…
Nous marchions au soleil, front haut, — comme cela, —

1. **Chenapans** : garnements, vauriens.
2. **Palsembleu** : jeu de mots. Palsambleu était un juron dérivant de l'expression « par le sang de Dieu » et « le sang bleu » désignait la noblesse.
3. **Billets** : lettres de cachet ordonnant l'emprisonnement d'une personne.
4. **Bastilles** : prisons par référence à celle de la Bastille.
5. **Qui râlait** : qui agonisait.
6. **La tour** : la Bastille.
7. **Embrassé** : serré dans nos bras.

Dans Paris ! On venait devant nos vestes sales.
Enfin ! Nous nous sentions Hommes ! Nous étions pâles,
Sire, nous étions soûls de terribles espoirs :
Et quand nous fûmes là, devant les donjons[1] noirs,
Agitant nos clairons[2] et nos feuilles de chêne[3],
Les piques à la main ; nous n'eûmes pas de haine,
— Nous nous sentions si forts, nous voulions être doux !
....
....

« Et depuis ce jour-là, nous sommes comme fous !
Le tas des ouvriers a monté dans la rue,
Et ces maudits s'en vont, foule toujours accrue
De sombres revenants, aux portes des richards[4].
Moi, je cours avec eux assommer les mouchards[5] :
Et je vais dans Paris, noir, marteau sur l'épaule,
Farouche, à chaque coin balayant quelque drôle,
Et, si tu me riais au nez, je te tuerais !
— Puis, tu peux y compter, tu te feras des frais
Avec tes hommes noirs[6], qui prennent nos requêtes[7]
Pour se les renvoyer comme sur des raquettes
Et, tout bas, les malins ! se disent : « Qu'ils sont sots ! »

ooo

1. Donjons : tours de la Bastille.

2. Clairons : instruments de musique en usage dans l'armée, de la famille des cuivres.

3. Feuilles de chêne : les cocardes vertes, symboles d'espoir.

4. Richards : personnes très riches.

5. Mouchards : espions.

6. Tes hommes noirs : les juges.

7. Requêtes : plaintes.

Pour mitonner[1] des lois, coller de petits pots
Pleins de jolis décrets roses et de droguailles[2],
S'amuser à couper proprement quelques tailles,
Puis se boucher le nez quand nous marchons près d'eux,
— Nos doux représentants qui nous trouvent crasseux ! —
Pour ne rien redouter, rien, que les baïonnettes…,
C'est très bien. Foin de[3] leur tabatière à sornettes !
Nous en avons assez, là, de ces cerveaux plats
Et de ces ventres-dieux[4]. Ah ! ce sont là les plats
Que tu nous sers, bourgeois, quand nous sommes féroces,
Quand nous brisons déjà les sceptres et les crosses[5] !… »

....

Il le prend par le bras, arrache le velours
Des rideaux, et lui montre en bas les larges cours
Où fourmille, où fourmille, où se lève la foule,
La foule épouvantable avec des bruits de houle[6],
Hurlant comme une chienne, hurlant comme une mer,
Avec ses bâtons forts et ses piques de fer,
Ses tambours, ses grands cris de halles et de bouges[7],
Tas sombre de haillons[8] saignant de bonnets rouges[9] :

1. **Mitonner** : préparer avec soin.

2. **Droguailles** : mauvaises drogues.

3. **Foin de** : assez de.

4. **Ventres-dieux** : juron ici employé comme nom, variante de « ventrebleu ».

5. **Sceptres** : bâtons de commandement, symboles du pouvoir royal ; **crosses** : bâtons pastoraux d'évêque, recourbés en volute dans leur partie supérieure, symboles du pouvoir religieux.

6. **Houle** : ondulation de la mer sous le vent, sans déferlement de vagues.

7. **Bouges** : tripots, établissements malfamés.

8. **Haillons** : vêtements en loques, guenilles.

9. **Bonnets rouges** : bonnets révolutionnaires.

L'Homme, par la fenêtre ouverte, montre tout
Au roi pâle et suant qui chancelle[1] debout,
Malade à regarder cela !
« C'est la Crapule[2],
Sire. Ça bave aux murs, ça monte, ça pullule[3] :
— Puisqu'ils ne mangent pas, Sire, ce sont des gueux !
Je suis un forgeron : ma femme est avec eux,
Folle ! Elle croit trouver du pain aux Tuileries !
— On ne veut pas de nous dans les boulangeries.
J'ai trois petits. Je suis crapule. — Je connais
Des vieilles qui s'en vont pleurant sous leurs bonnets
Parce qu'on leur a pris leur garçon ou leur fille :
C'est la crapule. — Un homme était à la Bastille,
Un autre était forçat[4] : et tous deux, citoyens
Honnêtes. Libérés, ils sont comme des chiens :
On les insulte ! Alors, ils ont là quelque chose
Qui leur fait mal, allez ! C'est terrible, et c'est cause
Que se sentant brisés, que, se sentant damnés,
Ils sont là, maintenant, hurlant sous votre nez !
Crapule. — Là-dedans sont des filles, infâmes
Parce que, — vous saviez que c'est faible, les femmes, —
Messeigneurs de la cour, — que ça veut toujours bien, —
Vous leur avez craché sur l'âme, comme rien !
Vos belles, aujourd'hui, sont là. C'est la crapule.

ooo

1. Chancelle : perd l'équilibre, titube.

2. La Crapule : les gens malhonnêtes, sans scrupules.

3. Pullule : fourmille.

4. Forçat : bagnard.

....

« Oh ! tous les Malheureux, tous ceux dont le dos brûle
Sous le soleil féroce, et qui vont, et qui vont,
Qui dans ce travail-là sentent crever leur front...
Chapeau bas, mes bourgeois ! Oh ! ceux-là, sont les Hommes !
Nous sommes Ouvriers, Sire ! Ouvriers ! Nous sommes
Pour les grands temps nouveaux où l'on voudra savoir,
Où l'Homme forgera du matin jusqu'au soir,
Chasseur des grands effets, chasseur des grandes causes,
Où, lentement vainqueur, il domptera les choses
Et montera sur Tout, comme sur un cheval !
Oh ! splendides lueurs des forges ! Plus de mal,
Plus ! — Ce qu'on ne sait pas, c'est peut-être terrible :
Nous saurons ! — Nos marteaux en main, passons au crible[1]
Tout que nous savons : puis, Frères, en avant !
Nous faisons quelquefois ce grand rêve émouvant
De vivre simplement, ardemment[2], sans rien dire
De mauvais, travaillant sous l'auguste[3] sourire
D'une femme qu'on aime avec un noble amour :
Et l'on travaillerait fièrement tout le jour,
Écoutant le devoir comme un clairon[4] qui sonne :
Et l'on se sentirait très heureux ; et personne,
Oh ! personne, surtout, ne vous ferait ployer[5] !
On aurait un fusil au-dessus du foyer...

---

1. Passons au crible : examinons.

2. Ardemment : avec intensité.

3. Auguste : grand, noble.

4. Clairon : voir note 2, p. 41.

5. Ployer : plier, courber l'échine.

....

« Oh ! mais l'air est tout plein d'une odeur de bataille !
Que te disais-je donc ? Je suis de la canaille !
Il reste des mouchards [1] et des accapareurs [2].
Nous sommes libres, nous ! Nous avons des terreurs
Où nous nous sentons grands, oh ! si grands ! Tout à l'heure
Je parlais de devoir calme, d'une demeure…
Regarde donc le ciel ! — C'est trop petit pour nous,
Nous crèverions de chaud, nous serions à genoux !
Regarde donc le ciel ! — Je rentre dans la foule,
Dans la grande canaille effroyable, qui roule,
Sire, tes vieux canons sur les sales pavés :
— Oh ! quand nous serons morts, nous les aurons lavés
— Et si, devant nos cris, devant notre vengeance,
Les pattes des vieux rois mordorés [3], sur la France
Poussent leurs régiments en habits de gala,
Et bien, n'est-ce pas, vous tous ? — Merde à ces chiens-là ! »

....

– Il reprit son marteau sur l'épaule.
La foule
Près de cet homme-là se sentait l'âme soûle,
Et, dans la grande cour, dans les appartements,
Où Paris haletait [4] avec des hurlements,

ooo

1. Mouchards : voir note 5, p. 41.

2. Accapareurs : ceux qui s'approprient illégalement des biens, voleurs.

3. Mordorés : cuivrés.

4. Haletait : respirait rapidement.

Un frisson secoua l'immense populace.
Alors, de sa main large et superbe de crasse,
Bien que le roi ventru suât, le Forgeron,
Terrible, lui jeta le bonnet rouge[1] au front !

1. Bonnet rouge : bonnet révolutionnaire.

19 juillet 1870 : la France déclare la guerre à l'Allemagne. Rimbaud voit dans ce conflit une folle aventure et une manœuvre de Napoléon III pour redorer son image. La lecture d'un article du Pays, *journal bonapartiste des Cassagnac, en appelant au patriotisme des républicains, l'indigne. Le sonnet qui suit est le fruit de sa colère.*

> « ... Français de soixante-dix, bonapartistes, républicains, souvenez-vous de vos pères en 92[1], etc. »
>
> ....
>
> — PAUL DE CASSAGNAC[2]
>
> *Le Pays*

Morts de Quatre-vingt-douze et de Quatre-vingt-treize[3],
Qui, pâles du baiser fort de la liberté,
Calmes, sous vos sabots, brisiez le joug[4] qui pèse
Sur l'âme et sur le front de toute humanité ;

Hommes extasiés[5] et grands dans la tourmente,
Vous dont les cœurs sautaient d'amour sous les haillons,
Ô Soldats que la Mort a semés, noble Amante,
Pour les régénérer, dans tous les vieux sillons ;

ooo

1. 92 : 1792, année de la Première République, qui eut à se défendre contre notamment les Autrichiens qui voulaient l'abattre et rétablir la monarchie.

2. Paul de Cassagnac (1842-1904) : journaliste, député d'extrême droite, rédacteur du journal bonapartiste *Le Pays*. Soutien de Napoléon III, il appelait à la mobilisation de tous en invoquant les « morts » de la Révolution française et de la République. La phrase est extraite du *Pays*.

3. Quatre-vingt-treize : 1793.

4. Joug : contrainte matérielle ou morale, esclavage.

5. Extasiés : ravis (à l'idée de défendre la république).

Vous dont le sang lavait toute grandeur salie,
Morts de Valmy, Morts de Fleurus, Morts d'Italie[1],
Ô million de Christs aux yeux sombres et doux;

Nous vous laissions dormir avec la République,
Nous, courbés sous les rois comme sous une trique[2]:
— Messieurs de Cassagnac[3] nous reparlent de vous!

Fait à Mazas[4], 3 septembre 1870.

1. **Valmy**: victoire remportée le 20 septembre 1792 par l'armée de la Révolution sur les troupes austro-hongroises. **Fleurus**: victoire remportée le 26 juin 1794 sur les Anglais et les Allemands. **Italie**: première campagne d'Italie menée en 1796-1797 par Napoléon Bonaparte, alors général, contre les Autrichiens et leurs alliés.

2. **Trique**: gros bâton dont on se sert pour se faire obéir.

3. **Messieurs de Cassagnac**: Paul et son père, Bernard Granier de Cassagnac, lui aussi bonapartiste.

4. **Mazas**: nom d'une prison parisienne, où Rimbaud est détenu du 31 août au 5 septembre 1870.

Le 7 juillet 1870, un régiment donna un concert en plein air, « place de la gare, à Charleville ». C'était alors une pratique courante dans les villes de province. Rimbaud en fait une description rageuse et caricaturale, tant des musiciens que des spectateurs.

À la musique

Place de la gare, à Charleville.

Sur la place taillée en mesquines pelouses,
Square où tout est correct, les arbres et les fleurs,
Tous les bourgeois poussifs qu'étranglent les chaleurs
Portent, les jeudis soirs, leurs bêtises jalouses.

— L'orchestre militaire, au milieu du jardin,
Balance ses schakos[1] dans la *Valse des fifres*[2] :
— Autour, aux premiers rangs, parade le gandin[3] ;
Le notaire pend à ses breloques à chiffres[4] :

ooo

1. Schakos : coiffures militaires.

2. ***Valse des fifres*** : titre d'un morceau de musique interprété par l'orchestre. Le compositeur Pascal avait créé une « Polka des fifres ».

3. Gandin : jeune homme élégant aussi prétentieux que ridicule, qui « parade », qui fait le beau afin de séduire les jeunes filles.

4. Breloques à chiffres : petits objets en or ou en argent où sont gravés les « chiffres », c'est-à-dire les initiales de leur possesseur.

Des rentiers à lorgnons soulignent tous les couacs :
Les gros bureaux[1] bouffis traînent leurs grosses dames
Auprès desquelles vont, officieux cornacs[2],
Celles dont les volants[3] ont des airs de réclames[4] ;

Sur les bancs verts, des clubs d'épiciers retraités
Qui tisonnent[5] le sable avec leur canne à pomme[6],
Fort sérieusement discutent les traités[7],
Puis prisent en argent[8], et reprennent : « En somme !… »

Épatant[9] sur son banc les rondeurs de ses reins,
Un bourgeois à boutons clairs, bedaine flamande[10],
Savoure son onnaing[11] d'où le tabac par brins
Déborde — vous savez, c'est de la contrebande ; —

1. **Bureaux** : employés de bureau.

2. **Cornacs** : au sens strict, un cornac est celui qui soigne et conduit les éléphants. Rimbaud assimilant les « grosses dames » de compagnie à des éléphants.

3. **Volants** : bandes de tissu formant garniture (à une robe par exemple).

4. **Ont des airs de réclames** : ont des airs de publicité (pour attirer l'attention).

5. **Tisonnent** : grattent.

6. **Pomme** : pommeau, extrémité renflée de la poignée d'une canne.

7. **Traités** : accords politiques.

8. **Prisent en argent** : prisent dans des tabatières en argent.

9. **Épatant** : étalant.

10. **Bedaine flamande** : gros ventre ; l'adjectif « flamande » relève de la caricature, les Flamands passant pour de gros buveurs de bière (donc ayant des gros ventres).

11. **Onnaing** : pipe fabriquée à Onnaing, près de Valenciennes.

Le long des gazons verts ricanent les voyous ;
Et, rendus amoureux par le chant des trombones[1],
Très naïfs, et fumant des roses[2], les pioupious[3]
Caressent les bébés pour enjôler[4] les bonnes…

— Moi, je suis, débraillé comme un étudiant
Sous les marronniers verts les alertes fillettes[5] :
Elles le savent bien, et tournent en riant,
Vers moi, leurs yeux tout pleins de choses indiscrètes.

Je ne dis pas un mot : je regarde toujours
La chair de leurs cous blancs brodés de mèches folles :
Je suis, sous le corsage et les frêles atours[6],
Le dos divin après la courbe des épaules.

J'ai bientôt déniché la bottine, le bas…
— Je reconstruis les corps, brûlé de belles fièvres.
Elles me trouvent drôle et se parlent tout bas…
— Et je sens les baisers qui me viennent aux lèvres…

1. Trombones : instruments de musique, à vent, de la catégorie des cuivres.

2. Fumant des roses : fumant des cigarettes contenues dans des paquets de couleur rose.

3. Pioupious : familièrement, les fantassins.

4. Enjôler : séduire.

5. Alertes fillettes : jeunes filles vives et enjouées.

6. Frêles atours : toilettes légères.

« Vénus Anadyomène », c'est Vénus (Aphrodite en grec), la déesse de l'amour, qui, selon la mythologie, naît des vagues et sort de l'écume de la mer. Rimbaud tourne en dérision cette représentation de la légende grecque : sa « Vénus Anadyomène » est une vieille femme hideuse sortant de sa baignoire.

Vénus Anadyomène

Comme d'un cercueil vert en fer blanc, une tête
De femme à cheveux bruns fortement pommadés
D'une vieille baignoire émerge, lente et bête,
Avec des déficits assez mal ravaudés[1] ;

Puis le col[2] gras et gris, les larges omoplates
Qui saillent[3] ; le dos court qui rentre et qui ressort ;
Puis les rondeurs des reins semblent prendre l'essor[4] ;
La graisse sous la peau paraît en feuilles plates ;

L'échine[5] est un peu rouge, et le tout sent un goût
Horrible étrangement ; on remarque surtout
Des singularités qu'il faut voir à la loupe…

Les reins portent deux mots gravés : *Clara Venus*[6] ;
— Et tout ce corps remue et tend sa large croupe
Belle hideusement[7] d'un ulcère à l'anus.

---

1. Déficits assez mal ravaudés : défauts (physiques) mal dissimulés.

2. Col : cou.

3. Qui saillent : qui ressortent.

4. Prendre l'essor : prendre son envol.

5. Échine : épine dorsale, dos.

6. Clara Venus : formule latine signifiant « Illustre Vénus ».

7. Belle hideusement : de l'oxymore d'allier ainsi des mots de sens contraires.

« Vénus Anadyomène »

1

Que voit-on de « Vénus » sortant de sa baignoire ?

La nudité de cette Vénus se dévoile progressivement :
- Premier quatrain : apparition et description de la tête.
- Second quatrain : apparition et description du cou et des omoplates.
- Premier tercet : apparition et description du dos.
- Second tercet : apparition et description du bas du dos et des fesses.

2

Comment cette « Vénus » est-elle décrite ?

La laideur s'accentue à mesure qu'elle émerge de sa baignoire :
- Les « cheveux bruns » (traditionnellement, Vénus est blonde) sont « fortement pommadés », enduits d'une crème grasse (v. 2).
- La peau du cou est épaisse et grise (v. 5).
- L'« échine » (v. 9) est « rouge », comporte des « singularités » (v. 11), probablement des boutons ou de petites pustules ; d'où une odeur (« un goût », v. 9).
- Quant à la « croupe », mot traditionnellement réservé aux chevaux, elle est « large » (v. 13) et, comble de l'horreur, dévoile l'existence d'un ulcère à « l'anus » (v. 14). « Belle hideusement » est un oxymore.

3

Quel est le registre (la tonalité) de ce poème ?

- Le registre est celui du burlesque qui repose sur une dissonance volontaire entre le fond et la forme : soit en traitant sérieusement un sujet qui ne l'est pas ; soit en traitant ridiculement un sujet sérieux.
- La femme qui sort de sa baignoire n'a rien d'une beauté. Celle-ci semble se moquer d'elle-même en ayant fait tatouer sur ses reins : « *Clara Venus* » (v. 12).
- Le poème se veut ainsi le tableau inversé de celui de Botticelli (1445-1510), *La Naissance de Vénus*, considéré comme l'un des plus tableaux de la Renaissance.

DÉFINITION CLÉ

L'oxymore

Un oxymore est une alliance volontaire de mots contradictoires. Le poème en comporte ici deux : « horrible étrangement » (v. 10) et « belle hideusement » (v. 14). C'est un procédé de mise en relief.

Rimbaud avait d'abord intitulé ce poème «Comédie en trois baisers». Il s'agit en effet du premier soir d'une relation amoureuse.

Première soirée

— Elle était fort déshabillée
Et de grands arbres indiscrets
Aux vitres jetaient leur feuillée[1]
Malinement[2], tout près, tout près.

Assise sur ma grande chaise,
Mi-nue, elle joignait les mains.
Sur le plancher frissonnaient d'aise
Ses petits pieds si fins, si fins.

— Je regardai, couleur de cire,
Un petit rayon buissonnier[3]
Papillonner[4] dans son sourire
Et sur son sein, — mouche au rosier[5].

1. **Feuillée** : feuillage des arbres.
2. **Malinement** : forme archaïque de « malignement », avec malice.
3. **Buissonnier** : qui flâne.
4. **Papillonner** : aller et venir délicatement.
5. Comme une mouche papillonne sur un rosier.

— Je baisai ses fines chevilles.
Elle eut un doux rire brutal
Qui s'égrenait[1] en claires trilles[2],
Un joli rire de cristal.

Les petits pieds sous la chemise
Se sauvèrent : « Veux-tu finir ! »
— La première audace permise,
Le rire feignait de punir !

— Pauvrets palpitants sous ma lèvre,
Je baisai doucement ses yeux :
— Elle jeta sa tête mièvre[3]
En arrière : « Oh ! c'est encor[4] mieux !...

Monsieur, j'ai deux mots à te dire... »
— Je lui jetai le reste au sein
Dans un baiser, qui la fit rire
D'un bon rire qui voulait bien...

— Elle était fort déshabillée
Et de grands arbres indiscrets
Aux vitres jetaient leur feuillée
Malinement, tout près, tout près.

1. **S'égrenait** : s'étirait.
2. **Trilles** : succession rapide de deux notes aigües.
3. **Mièvre** : gracieuse mais sans vigueur.
4. **Encor** : licence poétique pour « encore ».

Un jeune homme invite la jeune fille qu'il aime à une promenade sentimentale dans la campagne. La proposition est banale. Les comparaisons inattendues, le jeu des couleurs, la manière dont Rimbaud brise le rythme régulier du vers (par des rejets et des enjambements notamment), la verdeur de la langue font tout l'intérêt de ce poème. L'ultime « répartie de Nina » le colore rétrospectivement de dérision. Cette invitation s'en trouve ridiculisée.

Les Réparties[1] de Nina

....

LUI — Ta poitrine sur ma poitrine,
Hein ? nous irions,
Ayant de l'air plein la narine,
Aux frais rayons

Du bon matin bleu, qui vous baigne
Du vin de jour[2] ?...
Quand tout le bois frissonnant saigne
Muet d'amour

De chaque branche, gouttes vertes,
Des bourgeons clairs,
On sent dans les choses ouvertes
Frémir des chairs :

1. Répartie : réplique, réponse.

2. Vin de jour : vin léger.

Tu plongerais dans la luzerne[1]
Ton blanc peignoir,
Rosant[2] à l'air ce bleu qui cerne
Ton grand œil noir,

Amoureuse de la campagne,
Semant partout,
Comme une mousse de champagne,
Ton rire fou :

Riant à moi[3], brutal d'ivresse,
Qui te prendrais.
Comme cela, — la belle tresse,
Oh ! — qui boirais

Ton goût de framboise et de fraise,
Ô chair de fleur !
Riant au vent vif qui te baise[4]
Comme un voleur,

Au rose églantier[5] qui t'embête
Aimablement :
Riant surtout, ô folle tête,
À ton amant !...

.... ○○○

1. Luzerne : herbe de fourrage.

2. Rosant : colorant de rose.

3. Riant à moi : riant de moi.

4. Baise : donne un baiser.

5. Églantier : rosier sauvage.

Dix-sept ans ! Tu seras heureuse !
Oh ! les grands prés !
La grande campagne amoureuse !
— Dis, viens plus près !...

— Ta poitrine sur ma poitrine,
Mêlant nos voix,
Lents, nous gagnerions la ravine[1],
Puis les grands bois !...

Puis, comme une petite morte,
Le cœur pâmé[2],
Tu me dirais que je te porte,
L'œil mi-fermé...

Je te porterais, palpitante,
Dans le sentier :
L'oiseau filerait son andante[3] :
Au Noisetier[4]...

Je te parlerais dans ta bouche :
J'irais, pressant
Ton corps, comme une enfant qu'on couche,
Ivre du sang

---

1. Ravine : cours d'eau descendant d'une colline.

2. Pâmé : défaillant.

3. Andante : air de musique.

4. ***Au Noisetier*** : possible titre d'un air (d'une chanson), dont le rythme serait « andante » (cf. le vers précédent).

Qui coule, bleu, sous ta peau blanche
Aux tons rosés :
Et te parlant la langue franche…
Tiens !… — que tu sais…

Nos grands bois sentiraient la sève
Et le soleil
Sablerait d'or[1] fin leur grand rêve
Vert et vermeil.

………………………………………………………

Le soir ?… Nous reprendrons la route
Blanche qui court
Flânant, comme un troupeau qui broute,
Tout à l'entour

Les bons vergers à l'herbe bleue
Aux pommiers tors[2] !
Comme on les sent toute une lieue
Leurs parfums forts !

Nous regagnerons le village
Au ciel mi-noir ;
Et ça sentira le laitage
Dans l'air du soir ;

ooo

1. Sablerait d'or : image pour dire que le soleil recouvrirait d'or les « grands bois ».

2. Tors : tordus, difformes.

Ça sentira l'étable, pleine
De fumiers chauds,
Pleine d'un lent rythme d'haleine,
Et de grands dos

Blanchissant sous quelque lumière ;
Et, tout là-bas,
Une vache fientera, fière,
À chaque pas…

— Les lunettes de la grand-mère
Et son nez long
Dans son missel[1] ; le pot de bière
Cerclé de plomb,

Moussant entre les larges pipes
Qui, crânement,
Fument : les effroyables lippes[2]
Qui, tout fumant,

Happent[3] le jambon aux fourchettes,
Tant, tant et plus :
Le feu qui claire les couchettes
Et les bahuts[4].

Les fesses luisantes et grasses
D'un gros enfant

1. Missel : livre de messe.

2. Lippes : lèvres inférieures épaisses et proéminentes.

3. Happent : saisissent avec les dents.

4. Bahuts : buffets.

Qui fourre, à genoux, dans les tasses,
Son museau blanc

Frôlé par un mufle qui gronde
D'un ton gentil,
Et pourlèche la face ronde
Du cher petit...

Noire, rogue[1] au bord de sa chaise,
Affreux profil,
Une vieille devant la braise[2]
Qui fait du fil;

Que de choses verrons-nous, chère,
Dans ces taudis,
Quand la flamme illumine, claire,
Les carreaux gris!...

— Puis, petite et toute nichée
Dans les lilas
Noirs et frais: la vitre cachée,
Qui rit là-bas...

Tu viendras, tu viendras, je t'aime!
Ce sera beau.
Tu viendras, n'est-ce pas, et même...

ELLE — *Et mon bureau[3] ?*

1. Rogue : froide et rude.

2. Braise : feu de la cheminée.

3. Bureau : employé de bureau.

*Victor Hugo avait dénoncé le travail des enfants dans son poème «Melancholia» (*Les Contemplations*, 1856, voir p. 91). À sa suite, Rimbaud dénonce la misère des enfants, trop pauvres pour pouvoir manger à leur faim. En voici cinq regardant, dehors, en plein froid, par un soupirail, un boulanger faisant cuire son pain dont ils n'auront aucune bouchée.*

Les Effarés [1]

Noirs dans la neige et dans la brume
Au grand soupirail [2] qui s'allume,
        Leurs culs en rond

À genoux, cinq petits, — misère! —
Regardent le boulanger faire
        Le lourd pain blond...

Ils voient le fort bras blanc qui tourne
La pâte grise, et qui l'enfourne
        Dans un trou clair.

Ils écoutent le bon pain cuire.
Le boulanger au gras sourire
        Chante un vieil air.

Ils sont blottis, pas un ne bouge,
Au souffle du soupirail rouge,
        Chaud comme un sein.

1. Effarés: hébétés, hagards (plus qu'épouvantés).

2. Soupirail: ouverture pour donner de l'air et de la lumière à une pièce en sous-sol.

Et quand, pendant que minuit sonne,
Façonné, pétillant et jaune,
On sort le pain,

Quand, sous les poutres enfumées,
Chantent les croûtes parfumées,
Et les grillons,

Que ce trou chaud souffle la vie
Ils ont leur âme si ravie
Sous leurs haillons,

Ils se ressentent si bien vivre,
Les pauvres petits pleins de givre[1]!
— Qu'ils sont là, tous,

Collant leurs petits museaux roses
Au grillage, chantant des choses,
Entre les trous[2],

Mais bien bas, — comme une prière…
Repliés vers cette lumière
Du ciel rouvert,

— Si fort, qu'ils crèvent leur culotte,
— Et que leur lange blanc[3] tremblote
Au vent d'hiver…

20 sept[embre 18]70.

1. Pleins de givre : recouverts d'une petite gelée blanche.

2. La rime « tous/trous » est une rime dite normande ou parnassienne. C'est une rime pour l'œil, alors qu'une vraie rime doit être et pour l'oreille et pour l'œil.

3. Leur lange blanc : le linge blanc qui les emmaillote.

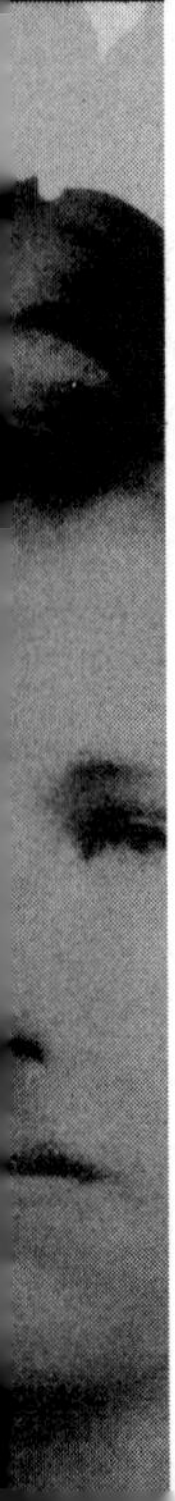

Page 62

« Les Effarés »

1

Quelle est la progression du poème ?

• La progression du poème suit les différentes étapes de la fabrication du pain : le pétrissage (v. 1-9), la cuisson proprement dite (v. 10-18), la sortie du four et le dépôt du pain sur des « poutres enfumées » (v. 19).
• À noter que cette progression s'accompagne d'une variation des couleurs : de « noirs dans la neige » (v. 1), les « effarés » deviennent blancs, « pleins de givre » (v. 26). La chaleur et la lumière sont celles du four à pain.

2

Quelles sont les réactions des « effarés » ?

Ces réactions sont de trois ordres :
• D'abord la fascination : « ils voient » (v. 7), « ils écoutent » (v. 10), « pas un ne bouge » (v. 13).
• L'envie devant le spectacle du pain chaud et croustillant, qui les transporte de joie (« leur âme si ravie », v. 23).
• La supplique muette (« comme une prière », v. 31) dans l'espoir d'obtenir un peu de ce pain qui les fait rêver et qui représente pour eux le bonheur absolu.

3

Que dénonce ce poème ?

Il s'agit d'une dénonciation de l'injustice sociale qui condamne des enfants à la misère et à la famine. Elle s'exprime par :
• Une compassion évidente pour ces affamés : « cinq petits — misère ! » (v. 4), « les pauvres petits » (v. 26).
• La remarque grinçante du vers 25 : « Ils se ressentent si bien vivre » à la vue du pain, comme si voir c'était se nourrir !
• La chute du dernier vers (« au vent d'hiver », v. 36), qui insiste sur la dégradation accrue de leur situation. Ils ont encore plus froid et davantage faim.

DÉFINITION CLÉ

La chute

On appelle chute l'effet de surprise produit par la fin d'un texte ou le dernier vers d'un poème. Souvent amusée ou satirique, cette chute ne l'est pourtant pas systématiquement, comme ici, où elle se colore d'indignation.

Un « bon soir de juin », le poète voit passer une jeune fille. Elle se moque de sa naïveté, de ses vers. Lui n'en l'aime que davantage. Un soir, elle lui écrit. Le poème est un divertissement d'été et de jeunesse.

Roman

I

On n'est pas sérieux, quand on a dix-sept ans.
— Un beau soir, foin des bocks[1] et de la limonade,
Des cafés tapageurs[2] aux lustres éclatants !
— On va sous les tilleuls verts de la promenade.

Les tilleuls sentent bon dans les bons soirs de juin !
L'air est parfois si doux, qu'on ferme la paupière ;
Le vent chargé de bruits, — la ville n'est pas loin, —
A des parfums de vigne et des parfums de bière…

II

— Voilà qu'on aperçoit un tout petit chiffon
D'azur sombre, encadré d'une petite branche,
Piqué d'une mauvaise étoile, qui se fond
Avec de doux frissons, petite et toute blanche…

Nuit de juin ! Dix-sept ans ! — On se laisse griser.
La sève est du champagne et vous monte à la tête…
On divague ; on se sent aux lèvres un baiser
Qui palpite là, comme une petite bête…

ooo

1. Foin des bocks : assez des pots à bière (d'environ un quart de litre).
2. Cafés tapageurs : bistrots bruyants.

III

Le cœur fou Robinsonne[1] à travers les romans,
— Lorsque, dans la clarté d'un pâle réverbère,
Passe une demoiselle aux petits airs charmants,
Sous l'ombre du faux col[2] effrayant de son père...

Et, comme elle vous trouve immensément naïf,
Tout en faisant trotter ses petites bottines,
Elle se tourne, alerte et d'un mouvement vif...
— Sur vos lèvres alors meurent les cavatines[3]...

IV

Vous êtes amoureux. Loué[4] jusqu'au mois d'août.
Vous êtes amoureux. — Vos sonnets La font rire.
Tous vos amis s'en vont, vous êtes *mauvais goût*[5].
— Puis l'adorée, un soir, a daigné vous écrire... !

— Ce soir-là,... — vous rentrez aux cafés éclatants,
Vous demandez des bocks ou de la limonade...
— On n'est pas sérieux, quand on a dix-sept ans
Et qu'on a des tilleuls verts sur la promenade.

29 sept[embre 18]70.

1. Robinsonne : vagabonde comme Robinson Crusoé.

2. Faux col : col glacé, amovible, qui s'adapte à une chemise.

3. Cavatines : mélodies légères et brèves d'un opéra.

4. Loué : pris, amoureux.

5. Vous êtes mauvais goût : vous n'êtes pas comme il faut.

« Roman »

1 Quel sens donner au titre du poème ?

• Le mot ne renvoie évidemment pas au genre romanesque. Mais, au Moyen Âge, le roman pouvait désigner un récit en vers contant les amours de grands personnages (par exemple *Le Roman d'Alexandre*).
• Familièrement, le mot « roman » désigne une histoire invraisemblable ou imaginaire.
• Le titre joue sur ces deux derniers registres. Le mot est synonyme d'illusions, de rêves : « On divague » (v. 15), on « robinsonne » (v. 17), qui est un néologisme.

2 Comment se manifeste l'éveil des sens et de la sexualité ?

• Par un cadre naturel propice aux rêveries amoureuses : une promenade estivale, nocturne, chargée de parfums et de senteurs.
• La rencontre d'une jeune passante (quatrains 3 et 4), qui éveille les désirs de l'adolescent-poète. La nature et l'amour semblent fusionner : « La sève est du champagne » (v. 14).
• La naissance d'une attirance (qui ne serait qu'un flirt), que la jeune fille provoque tout en s'en amusant (quatrains 6 et 7).
• Ce flirt devient passion chez l'adolescent qui se met dès lors à versifier (quatrains 7 et 8).

3 En quoi réside l'humour de ce poème ?

• D'emblée, Rimbaud se moque de lui-même : « On n'est pas sérieux, quand on a dix-sept ans » (v. 1).
• Le dédoublement de la personne à partir du quatrain 7 : le « vous » établit une distance entre le poète et l'adolescent.
• Cet amour naissant est limité dans le temps : « jusqu'au mois d'août » (v. 25).
• Les deux derniers vers reprennent à peu près les deux premiers, mais dans une intention différente : le poète revient triomphant dans les cafés qu'il fuyait parce qu'il se croit aimé.

DÉFINITION CLÉ

Le néologisme

Un néologisme est un mot nouveau, inventé, parfois fabriqué à partir d'un mot existant. Le verbe « robinsonne » (v. 17) est ici fabriqué d'après le nom de Robinson. Sa fonction est d'attirer l'attention du lecteur.

Le « Mal », c'est la guerre, le « Roi » (ou l'Empereur) qui la déclenche et se moque de ses soldats, qui pourtant se font tuer. Mais, plus encore et plus haut, le « Mal » c'est Dieu lui-même qui non seulement permet de telles atrocités, mais s'en réjouit. Ce sonnet est l'un des plus antichrétiens de Rimbaud.

Le Mal

Tandis que les crachats rouges de la mitraille
Sifflent tout le jour par l'infini du ciel bleu ;
Qu'écarlates ou verts[1], près du Roi qui les raille,
Croulent les bataillons en masse dans le feu ;

Tandis qu'une folie épouvantable, broie
Et fait de cent milliers d'hommes un tas fumant ;
— Pauvres morts ! dans l'été, dans l'herbe, dans ta joie,
Nature ! ô toi qui fis ces hommes saintement !... —

— Il est un Dieu, qui rit aux nappes damassées[2]
Des autels, à l'encens, aux grands calices d'or[3] ;
Qui dans le bercement des hosannah[4] s'endort,

Et se réveille, quand des mères, ramassées
Dans l'angoisse, et pleurant sous leur vieux bonnet noir
Lui donnent un gros sou lié dans leur mouchoir !

1. Écarlates ou verts : l'uniforme du soldat français était rouge, celui des soldats prussiens, vert.

2. Damassées : étoffes de coton tissées. Ces nappes recouvrent les autels.

3. Calices d'or : dans la religion catholique, le vase sacré dans lequel est consacré le vin durant l'eucharistie. Ce vase était parfois en or.

4. Hosannah : acclamations de joie dans les cérémonies religieuses.

Page 68

« Le Mal »

1

Quelle est l'organisation, formelle et syntaxique, de ce poème ?

• Il s'agit d'un sonnet, composé de quatorze alexandrins, répartis en deux quatrains et deux tercets. Les rimes des quatrains sont dites croisées sur le modèle ABAB, les rimes des deux tercets sont identiques, sur le modèle CDD.
• Grammaticalement il s'agit d'une seule et même phrase complexe, dont la proposition principale est : « Il est un Dieu » (v. 9).
• Les vers 7 et 8, encadrés par des tirets, sont une invocation mise en incise.

2

Sur quelle opposition est construit le poème ?

• Les deux quatrains brossent un tableau pathétique des horreurs de la guerre. Avec un effet d'agrandissement, propre à l'épopée : « croulent les bataillons » (v. 4), « cent milliers d'hommes » (v. 6). À l'intérieur de ce tableau, les couleurs s'opposent : « le rouge » (v. 1) contre le « bleu » (v. 2), l'écarlate contre le vert (v. 3).
• Le pathétique se situe à un double niveau : interne au texte avec les railleries du Roi (v. 3) ; externe au récit avec l'incise, où le poète intervient en personne (par l'invocation « ô toi », v. 8).
• À cette vision d'horreur s'oppose celles des deux tercets. Le premier décrit, pour le dénoncer, le luxe des cérémonies religieuses ; le second tercet décrit la souffrance des mères sous le regard moqueur de Dieu.

3

Quelle vision le poète donne-t-il de Dieu?

• Le poème est très anticlérical, qui s'en prend moins au « Roi » (ou Empereur) qui déclenche des guerres qu'à Dieu, qui permet de telles atrocités.
• C'est un Dieu qui prend plaisir à la souffrance et aux angoisses des hommes.
• Cette vision s'oppose à la déification de la Nature, invoquée dans l'incise. Elle fit les hommes « saintement » (v. 8), tandis que Dieu les pervertit.

DÉFINITION CLÉ

L'incise

Une incise est une proposition à l'intérieur d'une phrase pour ajouter, comme en annexe, une précision.

À la suite du désastre de Sedan (1er septembre 1870), Napoléon III est fait prisonnier en Allemagne. Rimbaud, qui lui est totalement hostile, l'imagine méditatif mais sans remords.

Rages de Césars[1]

L'homme pâle[2], le long des pelouses fleuries,
Chemine, en habit noir, et le cigare aux dents :
L'Homme pâle repense aux fleurs des Tuileries[3]
— Et parfois son œil terne a des regards ardents…

Car l'Empereur est soûl de ses vingt ans[4] d'orgie !
Il s'était dit : « Je vais souffler la Liberté[5]
Bien délicatement, ainsi qu'une bougie ! »
La Liberté revit ! Il se sent éreinté !

Il est pris. — Oh ! quel nom sur ses lèvres muettes
Tressaille ? Quel regret implacable le mord ?
On ne le saura pas. L'Empereur a l'œil mort.

Il repense peut-être au Compère en lunettes[6]…
— Et regarde filer de son cigare en feu,
Comme aux soirs de Saint-Cloud[7], un fin nuage bleu.

---

1. Napoléon III symbolise ici tous les oppresseurs, tous les « Césars ».

2. Pâle : affaibli (physiquement affaibli par la défaite mais aussi par la maladie).

3. Les Tuileries : palais royal puis impérial où résidait Napoléon III à Paris.

4. Vingt ans : Napoléon III a été au pouvoir un peu plus de vingt ans.

5. Le coup d'État mit dramatiquement fin à la Seconde République.

6. Compère en lunettes : Émile Ollivier (1825-1913), président du Conseil, qui annonça la déclaration de guerre le 19 juillet 1870.

7. Saint-Cloud : le château de Saint-Cloud, à quelques kilomètres de Paris, où résidait l'Empereur et qui fut pillé et incendié par les Prussiens en 1870.

Composé lors du voyage de retour à Charleroi, en Belgique, alors que le poète a fugué, ce poème évoque le bonheur de Rimbaud à l'idée de revoir une jeune fille.

Rêvé pour l'hiver

À… Elle.

L'hiver, nous irons dans un petit wagon rose
Avec des coussins bleus.
Nous serons bien. Un nid de baisers fous repose
Dans chaque coin moelleux.

Tu fermeras l'œil, pour ne point voir, par la glace,
Grimacer les ombres des soirs,
Ces monstruosités hargneuses, populace
De démons noirs et de loups noirs.

Puis tu te sentiras la joue égratignée…
Un petit baiser, comme une folle araignée,
Te courra par le cou…

Et tu me diras : « Cherche ! » en inclinant la tête,
— Et nous prendrons du temps à trouver cette bête
— Qui voyage beaucoup…

En Wagon, le 7 octobre [18]70.

Page 71

« Rêvé pour l'hiver »

1

Comment le poème justifie-t-il son titre ?

• La dimension du rêve est suggérée par l'emploi constant de l'indicatif futur. Le poète veut croire à sa réalisation prochaine (sinon il emploierait le conditionnel présent).
• Quant à « l'hiver », il constitue le premier mot du poème.
• Le poème est ainsi un double voyage : dans le temps (le rêve) et dans l'espace, par l'allusion au « wagon » (v. 1).

2

Comment s'exprime l'opposition entre l'intérieur et l'extérieur ?

• Par les deux quatrains : le premier décrit l'intérieur, le second, l'extérieur.
• Par un jeu de couleurs : agréables et douces à l'intérieur (« rose », v. 1 ; « bleus », v. 2), sombres et inquiétantes à l'extérieur (« ombres des soirs », v. 6 ; « noirs », v. 8). La répétition de l'adjectif « noirs » fait du vers 8 un vers dit léonin.
• Par l'antithèse confort/inconfort : confort à l'intérieur (« coussins », v. 2 ; « nid », v. 3 ; « coin moelleux », v. 4), inconfort à l'extérieur, présenté comme un danger (« monstruosités hargneuses », v. 7 ; « démons », v. 8).

3

Comment s'exprime l'éveil de la sexualité ?

• Par des préliminaires amoureux : « baisers fous » (v. 3), « la joue égratignée » (v. 9), « un petit baiser » (v. 10).
• Par un abandon, d'abord muet, de la jeune fille, traduit par l'emploi des trois points de suspension (v. 9 et 11).
• Par une invitation amoureuse, traduite par l'impératif « Cherche » (v. 12). Le « voyage » (v. 14) final est celui de l'amour physique. Aux deux premiers voyages s'ajoute donc un troisième voyage : celui de la découverte amoureuse.

DÉFINITION CLÉ

Le vers léonin

Un vers est dit léonin quand ses deux hémistiches riment ensemble : « Des démons noirs/et de loups noirs ». Ce vers est un octosyllabe et se structure en 4+4.

Voici sans doute l'un des sonnets les plus célèbres de Rimbaud. Tout est calme, paisible, coloré, joyeux. Le dernier vers introduit brusquement la tragédie dans ce tableau champêtre. Ce « dormeur », c'est un jeune soldat tué au combat. L'atrocité de la guerre n'en ressort que mieux.

Le Dormeur du val

C'est un trou de verdure où chante une rivière
Accrochant follement aux herbes des haillons
D'argent[1] ; où le soleil, de la montagne fière,
Luit : c'est un petit val qui mousse de rayons.

Un soldat jeune, bouche ouverte, tête nue,
Et la nuque baignant dans le frais cresson bleu[2],
Dort ; il est étendu dans l'herbe, sous la nue[3],
Pâle dans son lit vert où la lumière pleut.

Les pieds dans les glaïeuls, il dort. Souriant comme
Sourirait un enfant malade, il fait un somme :
Nature, berce-le chaudement : il a froid.

Les parfums ne font pas frissonner sa narine ;
Il dort dans le soleil, la main sur sa poitrine
Tranquille. Il a deux trous rouges au côté droit.

Octobre 1870.

---

1. Des haillons d'argent : les filets d'eau ont des reflets d'argent.

2. Cresson bleu : plante comestible poussant dans l'eau douce. Sa couleur bleue est une création poétique qui permet à Rimbaud de faire rimer l'adjectif avec « pleut » (v. 8).

3. Nue : ciel.

Page 73

« Le Dormeur du val »

1

Quelle est l'image de la nature ?

- Une image colorée : d'un côté les couleurs de la nature, le vert ; de l'autre, la lumière du soleil.
- Une image champêtre : la rivière « chante » (v. 1), « la lumière pleut » (v. 8), présence de la « mousse » (v. 4), des « glaïeuls » (v. 9).
- Une image paisible : le soldat « dort » ; le verbe est présent trois fois (v. 7, 9 et 13).

2

Comment naît l'inquiétude à mesure que se déroule le texte ?

- Dans ce tableau champêtre, surgissent des dissonances, d'abord discrètes : le soldat est « pâle » (v. 8). Le rejet met l'adjectif en valeur.
- Il gît de manière curieuse, les pieds dans les glaïeuls, comme s'il lui importait peu de fouler des fleurs (v. 9). Il sourit certes, mais comme « un enfant malade » (v. 10).
- Enfin il a « froid » (v. 11), alors que « luit » (v. 4) le soleil. Ses narines sont immobiles, comme s'il ne respirait plus (v. 12).

3

Quelle est l'importance du dernier vers (v. 14) ?

- Ce dernier vers donne l'explication. Avec deux balles, deux « trous au côté droit », le soldat est mort. Le « dormeur » (cf. le titre) dort du sommeil de la mort.
- Ce vers crée un choc parce que toute la description du val était paisible, agréable.
- Ce dernier vers modifie le sens du texte et oblige le lecteur à une relecture. Il crée un puissant effet de contraste.

DÉFINITION CLÉ

Le contraste

Un contraste est une opposition de deux choses, de deux réalités, dont l'une fait ressortir l'autre. La beauté de la nature rend la mort du soldat plus horrible encore.

Ce sonnet évoque une étape de la fugue de Rimbaud en Belgique, du 26 septembre 1870 au 10 mars 1871. C'est ce qu'on appelle une « scène de genre ». Elle a lieu dans un café.

Au Cabaret-Vert[1]
cinq heures du soir

Depuis huit jours, j'avais déchiré mes bottines
Aux cailloux des chemins. J'entrais à Charleroi[2].
— *Au Cabaret-Vert* : je demandai des tartines
De beurre et du jambon qui fût à moitié froid.

Bienheureux, j'allongeai les jambes sous la table
Verte : je contemplai les sujets très naïfs[3]
De la tapisserie. — Et ce fut adorable,
Quand la fille aux tétons énormes, aux yeux vifs,

— Celle-là, ce n'est pas un baiser qui l'épeure[4] ! —
Rieuse, m'apporta des tartines de beurre,
Du jambon tiède, dans un plat colorié,

Du jambon rose et blanc parfumé d'une gousse
D'ail, — et m'emplit la chope immense, avec sa mousse
Que dorait un rayon de soleil arriéré[5].

Octobre [18]70.

1. **Cabaret-Vert** : enseigne d'une auberge.
2. **J'entrai à Charleroi** : Rimbaud arrive à Charleroi le 26 septembre 1870, où existait une auberge dont l'enseigne était La Maison-Verte.
3. **Les sujets très naïfs** : les personnages représentés de manière simpliste.
4. **Qui l'épeure** : qui lui fait peur.
5. **Arriéré** : d'arrière-saison.

Page 75

« Au Cabaret-Vert »

1

Que décrit ce poème ?

- Il s'agit d'une scène de genre, fréquente dans la peinture flamande et hollandaise des XVIe et XVIIe siècles.
- Cette scène de genre décrit l'arrivée du poète dans une taverne, son installation, sa commande.
- La servante est avenante, vive, sensuelle (v. 8-10).
- Le repas est décrit de manière colorée.

2

Quel est l'état d'esprit du poète ?

- Un sentiment de bonheur, qui tient à trois causes :
– au repos, bienvenu après une errance de « huit jours » (v. 1) : le poète allonge ses « jambes sous la table », il est « bienheureux » (v. 5).
– à la possibilité de se restaurer : le jambon est particulièrement appétissant, et la chope de bière est bien remplie (v. 11-13).
– à l'érotisation de la scène suscitée par les seins de la servante.
- Un sentiment de plénitude, qui tient à deux causes :
– la liberté, suggérée par le premier quatrain ;
– l'harmonie avec la nature, représentée par le rayon de soleil (v. 14) qui dore la chope de bière.

3

En quoi la forme de ce poème se situe-t-elle entre tradition et modernité ?

- La forme est traditionnelle : c'est celle du sonnet aux rimes croisées (ABAB) dans les quatrains et aux rimes structurellement identiques dans les tercets (CCD/EEF).
- L'écriture est plus moderne par le recours systématique au rejet, report sur le vers suivant d'un élément dépendant grammaticalement du vers précédent : « aux cailloux des chemins » (v. 2), « de beurre » (v. 4), « verte » (v. 6), « de la tapisserie » (v. 7), « d'ail » (v. 13).

DÉFINITION CLÉ

La scène de genre

Tant en poésie qu'en peinture, une scène de genre est une scène de la vie quotidienne, dont les personnages sont familiers et anonymes. Par exemple, en peinture, *Cabaret Flamand* du peintre Teniers (1582-1649) ou *Le Cabaret hollandais* d'Adriaen van Ostade (1610-1685).

Comme le poème précédent, ce sonnet se rattache à la fugue du poète en Belgique. C'est une autre scène de genre, où se font toutefois plus distinctement entendre la joie et le bonheur de Rimbaud.

La Maline[1]

Dans la salle à manger brune, que parfumait
Une odeur de vernis et de fruits, à mon aise
Je ramassais un plat de je ne sais quel met
Belge, et je m'épatais[2] dans mon immense chaise.

En mangeant, j'écoutais l'horloge, — heureux et coi[3].
La cuisine s'ouvrit avec une bouffée,
— Et la servante vint, je ne sais pas pourquoi,
Fichu[4] moitié défait, malinement coiffée

Et, tout en promenant son petit doigt tremblant
Sur sa joue, un velours de pêche rose et blanc,
En faisant, de sa lèvre enfantine, une moue,

Elle arrangeait les plats, près de moi, pour m'aiser[5];
— Puis, comme ça, — bien sûr, pour avoir un baiser, —
Tout bas : « Sens donc, j'ai pris *une* froid sur la joue… »

Charleroi, octobre [18]70.

1. **Maline** : prononciation ardennaise de « maligne ».
2. **Je m'épatais** : je m'étalais (dans ma chaise).
3. **Coi** : silencieux, muet.
4. **Fichu** : châle couvrant la tête et les épaules.
5. **Pour m'aiser** : pour me mettre à l'aise.

Le 2 août 1870, les troupes françaises battent les Prussiens à Sarrebruck. C'est un combat bref et sans grande importance. Mais la propagande et les journaux bonapartistes le transforment en « éclatante victoire ». Ce sonnet décrit les dessins qui en sont faits, à la gloire de l'Empereur. Mais les deux tercets dénoncent la tromperie.

L'Éclatante victoire de Sarrebruck

remportée aux cris de vive l'Empereur !

Gravure belge brillamment coloriée, se vend à Charleroi, 35 centimes.

Au milieu, l'Empereur, dans une apothéose
Bleue et jaune, s'en va, raide, sur son dada
Flamboyant ; très heureux, — car il voit tout en rose,
Féroce comme Zeus et doux comme un papa ;

En bas, les bons Pioupious[1] qui faisaient la sieste
Près des tambours dorés et des rouges canons,
Se lèvent gentiment. Pitou[2] remet sa veste,
Et, tourné vers le Chef, s'étourdit de grands noms !

À droite, Dumanet[3], appuyé sur la crosse
De son chassepot[4], sent frémir sa nuque en brosse,
Et : « Vive l'Empereur ! » — Son voisin reste coi…

1. Pioupious : fantassins, soldats.

2. Pitou : type du soldat naïf.

3. Dumanet : type du troupier ridicule, à qui on fait tout croire.

4. Chassepot : nom du fusil de l'époque.

Un schako[1] surgit, comme un soleil noir... — Au centre,
Boquillon[2] rouge et bleu, très naïf, sur son ventre
Se dresse, et, — présentant ses derrières — : « De quoi ?... »

Octobre [18]70.

1. Schako (shako) : coiffure militaire à visière.

2. Boquillon : type du soldat farfelu à l'uniforme rouge et le bleu.

Rien de plus banal qu'un buffet ; mais rien également de plus mystérieux quand s'en dégagent parfums et souvenirs.

Le Buffet

C'est un large buffet sculpté ; le chêne sombre,
Très vieux, a pris cet air si bon des vieilles gens[1] ;
Le buffet est ouvert, et verse dans son ombre
Comme un flot de vin vieux, des parfums engageants ;

Tout plein, c'est un fouillis de vieilles vieilleries,
De linges odorants et jaunes, de chiffons
De femmes ou d'enfants, de dentelles flétries,
De fichus[2] de grand'mère où sont peints des griffons[3] ;

— C'est là qu'on trouverait les médaillons, les mèches
De cheveux blancs ou blonds, les portraits, les fleurs sèches
Dont le parfum se mêle à des parfums de fruits.

— Ô buffet du vieux temps, tu sais bien des histoires,
Et tu voudrais conter des contes, et tu bruis[4]
Quand s'ouvrent lentement tes grandes portes noires.

Octobre [18]70.

1. **Vieilles gens** : les vieillards ; au pluriel, « gens » est féminin.
2. **Fichus** : châles.
3. **Griffons** : chiens de chasse.
4. **Tu bruis** : tu bruisses (du verbe bruire).

IMAGE 3 • Henri de Toulouse-Lautrec, ***Monsieur Boileau*** (1893)

→ PRÉSENTATION ET LECTURE DE L'IMAGE p. 143

IMAGE 4 • Camille Claudel, ***L'Âge mûr*** (vers 1902)
→ **PRÉSENTATION p. 142**

IMAGE 5 • Amedeo Modigliani, ***Autoportrait*** (1919)
→ PRÉSENTATION p. 142

IMAGE 6 • Jean-Michel Basquiat, ***Autoportrait (Self-Portrait as a Heel)*** (1982)

→ PRÉSENTATION p. 142

Ce célèbre sonnet est un autoportrait, mais un autoportrait rêvé plus que réaliste. En musique, une « fantaisie » est une forme libre ; en littérature, c'est une œuvre de pure imagination.

Ma bohème
(fantaisie)

Je m'en allais, les poings dans mes poches crevées ;
Mon paletot[1] aussi devenait idéal[2] ;
J'allais sous le ciel, Muse ! et j'étais ton féal[3] ;
Oh ! là ! là ! que d'amours splendides j'ai rêvées !

Mon unique culotte avait un large trou.
— Petit-Poucet rêveur, j'égrenais dans ma course
Des rimes. Mon auberge était à la Grande-Ourse[4].
— Mes étoiles au ciel avaient un doux frou-frou

Et je les écoutais, assis au bord des routes,
Ces bons soirs de septembre où je sentais des gouttes
De rosée à mon front, comme un vin de vigueur ;

Où, rimant au milieu des ombres fantastiques,
Comme des lyres[5], je tirais les élastiques
De mes souliers blessés, un pied près de mon cœur !

1. Paletot : veste ou manteau.

2. Idéal : Rimbaud joue sur le mot : le paletot est-il « idéal » parce qu'il est parfait pour voyager ? Ou est-il tellement usé qu'il n'est plus qu'une « idée » ? Cette seconde hypothèse paraît mieux convenir au sens général du poème.

3. Féal : serviteur.

4. La Grande Ourse étant une étoile, Rimbaud dort donc à la belle étoile.

5. Lyres : instruments de musique à cordes.

Page 81

« Ma bohème »

1

Quel voyage entreprend le poète et de quelle façon ?

• Ce voyage est une errance, dans la mesure où il n'a pas de but ni n'obéit à un itinéraire précis.
• Il est inconfortable (v. 7 et 9). Les vêtements du poète sont misérables (v. 1, 5 et 14).
• Ce voyage est celui d'un marginal, comme le suggère le titre du sonnet. « Bohème » fait songer à « bohémien », alors symbole de l'errance et de la misère.

2

En quoi ce poème est-il humoristique ?

• Au moment où il compose son poème, le poète se moque du voyageur qu'il fut. L'humour naît de cette prise de distance.
• Son « paletot » est « idéal » (v. 2), c'est-à-dire qu'il n'est plus qu'une idée, qu'il est complètement usé. Loger à l'« auberge » de « la Grande-Ourse » (v. 7) est une façon plaisante de dire que l'on dort à la belle étoile.
• Le poète se moque enfin de ses rêves d'« amours splendides » (v. 4), qui contrastent avec son apparence physique.

3

Quels rapprochements s'établissent entre le voyage et la poésie ?

• Le poète invoque la « Muse » dont il se déclare le « féal » (v. 3), c'est-à-dire le fidèle serviteur. Il est deux fois fait mention des « rimes » (v. 7 et 12).
• La référence aux « lyres » (v. 13) renvoie aux origines de la poésie et aux poètes de l'Antiquité grecque.
• Par un ultime mouvement d'autodérision, ces « lyres » ne sont pas les cordes de l'instrument de musique mais les « élastiques » de ses souliers (v. 13-14).

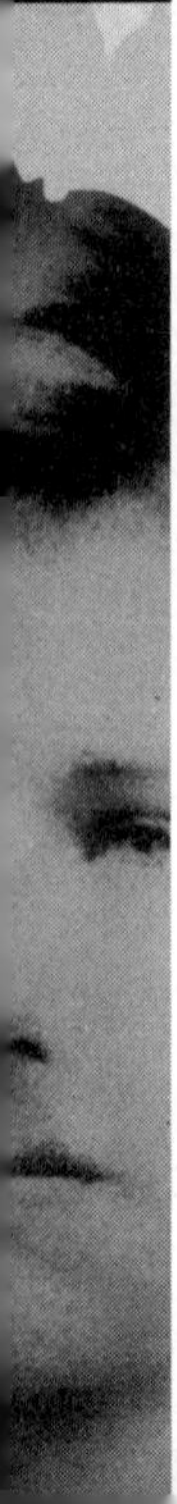

DÉFINITION CLÉ

Le lyrisme

Venant du mot « lyre », instrument de musique à cordes, le lyrisme est à l'origine un chant. Perdant par la suite sa référence à la musique, il se confond avec l'expression des émotions (ce qui n'exclut pas le sens du rythme et de la mélodie).

Anthologie sur

La révolte en poésie

Avant chaque texte figure une indication entre crochets. Elle ne fait pas partie du texte ; elle est donnée à titre indicatif pour en éclairer le sens.

Se révolter, c'est se dresser contre un état de fait jugé inadmissible ou insupportable. À l'origine est une indignation, un sentiment de colère. À ce titre, elle relève du lyrisme, qui est une manifestation d'une parole intime. La poésie résonne donc souvent de cris de révolte. Elle en résonne d'autant plus que les poètes, loin de se réfugier dans leur tour d'ivoire, se sont fréquemment engagés dans l'action politique. Même s'ils ne se transforment pas en action immédiate ou en succès, ces cris ont pour but de réveiller les consciences et d'ébranler les certitudes d'un ordre établi. Ces cris peuvent aussi être des appels à la rébellion, à l'émeute, et même au renversement d'un régime politique. Se révolter, c'est ainsi dénoncer pour mieux combattre.

La révolte implique un idéal qui la justifie. Ses motifs et ses formes sont donc des plus variés. Cette anthologie distingue cinq sortes de révolte : la révolte adolescente de jeunes poètes, la révolte contre la misère sociale, contre l'oppression et la tyrannie, contre le racisme et la révolte métaphysique (contre Dieu). À chaque fois des poèmes, essentiellement des XIXe et XXe siècles, en donnent une illustration.

LES RÉVOLTES ADOLESCENTES DE JEUNES POÈTES

Quand on est jeune, se révolter est presque naturel. La découverte de l'imperfection du monde, la difficulté de s'insérer dans une société qui trop souvent vous ignore, l'envie enfin de s'affirmer envers et contre tout poussent à la rébellion. Les poètes n'échappent pas à cette envie de contester l'ordre établi. Jeunes, affrontant la misère et l'indifférence d'autrui, ils enragent.

■ Arthur Rimbaud, la révolte d'un damné

En 1870, *Les Cahiers de Douai* font entendre la révolte de Rimbaud **contre la guerre et la misère sociale**. Cette révolte n'est pas pour autant radicale. Elle le devient quelques années plus tard dans *Une saison en enfer*.

Texte 1

ARTHUR RIMBAUD (1854-1891)

Une saison en enfer, **« Mauvais sang »** (1873 ; extrait)

Le révolté de « La Bohème » s'affirme encore davantage dans Une saison en enfer, *seul recueil publié du vivant de Rimbaud et selon ses intentions. L'« enfer », ce sont les douze mois qu'il vient de vivre avec Verlaine. Dans « Mauvais sang », le poète s'imagine condamné par la société parce qu'il ne respecte aucune règle, aucun code. Il a dix-neuf ans.*

[Les provocations d'un marginal]

Sur les routes, par des nuits d'hiver, sans gîte, sans habits, sans pain, une voix étreignait[1] mon cœur gelé : « Faiblesse ou force : te voilà, c'est la force. Tu ne sais ni où tu vas ni pourquoi tu vas, entre partout, réponds à tout. On ne te tuera pas plus que si tu étais cadavre. » Au matin j'avais le regard si perdu et la contenance si morte, que ceux que j'ai rencontrés *ne m'ont peut-être pas vu.*

Dans les villes la boue m'apparaissait soudainement rouge et noire, comme une glace quand la lampe circule dans la chambre voisine, comme un trésor dans la forêt ! Bonne chance, criais-je, et je voyais une mer de flammes et de fumée au ciel ; et, à gauche, à droite, toutes les richesses flambant comme un milliard de tonnerres.

Mais l'orgie et la camaraderie des femmes m'étaient interdites. Pas même un compagnon. Je me voyais devant une foule exaspérée, en face du peloton d'exécution, pleurant du malheur qu'ils n'aient pu

1. **Étreignait** : oppressait, angoissait.

comprendre, et pardonnant ! — Comme Jeanne d'Arc ! — « Prêtres, professeurs, maîtres, vous vous trompez en me livrant à la justice. Je n'ai jamais été de ce peuple-ci ; je n'ai jamais été chrétien ; je suis de la race qui chantait dans le supplice ; je ne comprends pas les lois ; je n'ai pas le sens moral ; je suis une brute : vous vous trompez… »

■ Blaise Cendrars, un poète voyageur

Suisse d'origine, Blaise Cendrars mène **une vie aventureuse**. Très jeune, il parcourt le monde : il est en Asie, aux États-Unis (qui lui inspire son recueil *Les Pâques à New-York*, 1912), en Russie. Quand éclate la Première Guerre mondiale, Cendrars s'engage dans la Légion étrangère. Blessé, il est amputé du bras droit. Le poète n'en continue pas moins d'écrire et de voyager.

Texte 2

BLAISE CENDRARS (1887-1961)

Prose du Transsibérien et de la Petite Jehanne de France (1913 ; extrait),

*Texte majeur de la poésie du début du XX*e *siècle, sa* Prose du Transsibérien et de la Petite Jehanne de France *relate le voyage qu'il fit en 1903 à travers toute l'Europe. Cendrars est alors âgé de 16 ans. Le voici à Moscou, prêt à toutes les folies.*

[Une adolescence fugueuse et destructrice]

En ce temps-là j'étais en mon adolescence
J'avais à peine seize ans et je ne me souvenais déjà
plus de mon enfance
J'étais à 16 000 lieues du lieu de ma naissance
J'étais à Moscou, dans la ville des mille
et trois clochers et des sept gares
Et je n'avais pas assez des sept gares et des mille et trois tours
Car mon adolescence était si ardente et si folle

Que mon cœur, tour à tour, brûlait comme un temple
d'Éphèse[1] ou comme la Place Rouge de Moscou
Quand le soleil se couche
Et mes yeux éclairaient des voies anciennes.
Et j'étais déjà si mauvais poète
Que je ne savais pas aller jusqu'au bout.

Le Kremlin était comme un immense
gâteau tartare croustillé d'or,
Avec les grandes amandes des cathédrales, toutes blanches
Et l'or mielleux des cloches...
Un vieux moine me lisait la légende de Novgorode[2]
J'avais soif
Et je déchiffrais des caractères cunéiformes
Puis, tout à coup, les pigeons
du Saint-Esprit s'envolaient sur la place
Et mes mains s'envolaient aussi avec
des bruissements d'albatros
Et ceci, c'était les dernières réminiscences
Du dernier jour
Du tout dernier voyage
Et de la mer.

Pourtant, j'étais fort mauvais poète.
Je ne savais pas aller jusqu'au bout.

J'avais faim
Et tous les jours et toutes les femmes
dans les cafés et tous les verres

1. Éphèse : sur l'actuelle côte de Turquie. Son temple d'Artémis, considéré comme l'une des sept merveilles du monde, fut incendié en 356 par Erostrate, qui voulait par ce geste immortaliser son nom.

2. La légende de Novgorode : il s'agit du titre du premier poème de Cendrars, aujourd'hui perdu. Vraisemblablement composé en français en 1907, le texte aurait été uniquement publié dans une traduction russe.

J'aurais voulu les boire et les casser
Et toutes les vitrines et toutes les rues
Et toutes les maisons et toutes les vies
Et toutes les roues des fiacres qui tournaient
en tourbillon sur les mauvais pavés
J'aurais voulu les plonger dans une fournaise de glaives
Et j'aurais voulu broyer tous les os
Et arracher toutes les langues
Et liquéfier tous ces grands corps étranges et nus
sous les vêtements qui m'affolent…
Je pressentais la venue du grand Christ rouge
de la révolution russe[1]…
Et le soleil était une mauvaise plaie
Qui s'ouvrait comme un brasier.
En ce temps-là j'étais en mon adolescence

■ René Char, la haine de tout confort

Proche des surréalistes au début des années 1930, s'engageant les armes à la main dans la Résistance, René Char a quarante ans quand il publie *La Fontaine narrative*. Ce n'est plus un adolescent comme Rimbaud ou Cendrars. Pourtant, il approuve Rimbaud d'avoir fui le monde confortable des **certitudes** et des **conformistes**.

Texte 3

RENÉ CHAR (1907-1988)

« Tu as bien fait de partir, Arthur Rimbaud » in *La Fontaine narrative* recueilli dans *Fureur et mystère* © Éditions Gallimard, 1962

Pour René Char, la poésie ne peut qu'être rupture, départ, révolte, ainsi que l'affirme ce poème en prose, « Tu as bien fait de partir, Arthur Rimbaud ».

1. Il ne s'agit pas de la révolution d'Octobre 1917 (qu'en 1913 Cendrars ne peut prévoir), mais des troubles qui agitaient la Russie depuis le début du siècle.

[L'éloge d'un révolté]

Tu as bien fait de partir, Arthur Rimbaud ! Tes dix-huit ans[1] réfractaires[2] à l'amitié, à la malveillance, à la sottise des poètes de Paris ainsi qu'au ronronnement d'abeille stérile de ta famille ardennaise un peu folle, tu as bien fait de les éparpiller aux vents du large, de les jeter sous le couteau de leur précoce guillotine. Tu as eu raison d'abandonner le boulevard des paresseux, les estaminets des pisse-lyres[3], pour l'enfer des bêtes, pour le commerce des rusés et le bonjour des simples.

Cet élan absurde du corps et de l'âme, ce boulet de canon qui atteint sa cible en la faisant éclater, oui, c'est bien là la vie d'un homme ! On ne peut pas, au sortir de l'enfance, indéfiniment étrangler son prochain. Si les volcans changent peu de place, leur lave parcourt le grand vide du monde et lui apporte des vertus qui chantent dans ses plaies.

Tu as bien fait de partir, Arthur Rimbaud ! Nous sommes quelques-uns à croire sans preuve le bonheur possible avec toi.

LA RÉVOLTE CONTRE LA MISÈRE SOCIALE

Le XIXe siècle est dominé par ce qu'on appelait alors « la question sociale ». Le progrès économique dû à l'industrialisation a pour conséquence et revers la naissance d'un **prolétariat mal payé**, sans aucune protection sociale. La journée de travail varie de dix à douze heures par jour, six jours sur sept. Toute révolte est réprimée dans le sang. Le sort des enfants émeut tout particulièrement. Jusqu'en 1848, certains sont contraints de travailler dès l'âge de huit ans, notamment dans l'industrie textile. La Seconde République interdira le travail des enfants avant douze ans. C'était alors un progrès…

1. À partir de 1872, Rimbaud erre à travers l'Europe d'abord en compagnie de Verlaine puis seul en Angleterre avant de s'embarquer pour Chypre puis Aden.

2. Réfractaires : rebelles.

3. Pisse-lyres : néologisme, désignant les rimailleurs, les poètes médiocres.

Victor Hugo, défenseur de la cause des enfants

Avant Rimbaud s'indignant, dans « Les Effarés », de la misère dans laquelle vivaient de nombreux enfants, Victor Hugo (1802-1885) dénonçait **le travail des enfants**. Le romancier y reviendra plus tard, dans *Les Misérables* (1862).

Texte 4

VICTOR HUGO (1802-1885)

Les Contemplations, III, 2, « **Melancholia** » (1856 ; extrait)

Une loi de 1841 interdisait de faire travailler des enfants de moins de huit ans, mais ils pouvaient travailler au-delà. Jusqu'à douze ans, ils ne pouvaient être employés plus de huit heures par jour et, de douze à seize ans, pas plus de douze heures. Cette situation révolte Hugo, notamment dans le poème « Melancholia », pour qui l'enfant, quasiment sacré, doit être aimé, protégé et éduqué.

[Contre le travail des enfants]

Où vont tous ces enfants dont pas un seul ne rit ?
Ces doux êtres pensifs que la fièvre maigrit ?
Ces filles de huit ans qu'on voit cheminer seules ?
Ils s'en vont travailler quinze heures sous les meules[1] ;
Ils vont, de l'aube au soir, faire éternellement
Dans la même prison le même mouvement.
Accroupis sous les dents d'une machine sombre,
Monstre hideux, qui mâche on ne sait quoi dans l'ombre,
Innocents dans un bagne, anges dans un enfer,
Ils travaillent. Tout est d'airain[2], tout est de fer.
Jamais on ne s'arrête et jamais on ne joue.
Aussi quelle pâleur ! La cendre est sur leur joue.
Il fait à peine jour, ils sont déjà bien las.

1. Meules : machines, outils, qui sert à broyer.

2. Airain : bronze.

Ils ne comprennent rien à leur destin, hélas !
Ils semblent dire à Dieu : « Petits comme nous sommes,
Notre père, voyez ce que nous font les hommes ! »
Ô servitude infâme à l'enfant !
Rachitisme[1] ! travail dont le souffle étouffant
Défait ce qu'a fait Dieu, qui tue, œuvre insensée,
La beauté sur les fronts, dans les cœurs la pensée,
Et qui ferai — c'est là son fruit le plus certain ! —
D'Apollon[2] un bossu, de Voltaire[3] un crétin !
Travail mauvais qui prend l'âge tendre en sa serre[4],
Qui produit la richesse en créant la misère,
Qui se sert d'un enfant ainsi que d'un outil !
Progrès dont on demande : « Où va-t-il ?que veut-il ? »
Qui brise la jeunesse en fleur ! qui donne, en somme,
Une âme à la machine et la retire à l'homme !
Que ce travail, haï des mères, soit maudit !
Maudit comme le vice où l'on s'abâtardit,
Maudit comme l'opprobre[5] et comme le blasphème[6] !
Ô Dieu ! qu'il soit maudit au nom du travail même
Au nom du vrai travail, saint, fécond, généreux,
Qui fait le peuple libre et qui rend l'homme heureux !

1. Rachitisme : maladie empêchant la croissance d'un enfant.

2. Apollon : dieu de la Musique et de la Poésie mais aussi incarnation de l'idéal grec de la beauté.

3. Voltaire : philosophe, auteur de contes, dramaturge, Voltaire (1694-1778) est l'un des principaux représentants de l'idéal des Lumières au XVIIIe siècle.

4. Serre : griffe des oiseaux rapaces tels les vautours ; le mot fait image.

5. Opprobre : déshonneur, honte.

6. Blasphème : insulte contre Dieu, sacrilège.

■ Marceline Desbordes-Valmore, dénoncer la répression du soulèvement des canuts

En 1831, à Lyon, les canuts (les ouvriers de la soie) se révoltent pour obtenir de meilleures conditions de travail et de vie. Rejoints par d'autres ouvriers, ils prennent bientôt le contrôle de la ville. La répression est féroce et **la révolte noyée dans le sang**. Figure majeure de la poésie romantique féminine, Marceline Desbordes-Valmore assiste à cette tragédie.

Texte 5

MARCELINE DESBORDES-VALMORE (1786-1859)

Pauvres fleurs, **« À monsieur A. L. »** (1839 ; extraits)

Le poème qui suit, « À monsieur A. L. », se présente comme un reportage effectué sur le vif. L'auteur y montre toute l'horreur de la répression. Sa sympathie et sa solidarité vont tout naturellement aux victimes.

[En souvenir des victimes de la répression]

J'étais là : j'écoutais mourir la ville en flammes ;
J'assistais vive et morte au départ de ces âmes,
Que le plomb[1] déchirait et séparait des corps,
Fête affreuse où tintaient de funèbres accords :
Les clochers haletants, les tambours et les balles ;
Les derniers cris du sang répandu sur les dalles ;
C'était hideux à voir : et toutefois mes yeux
Se collaient à la vitre et cherchaient par les cieux,
Si quelque âme visible en quittant sa demeure,
Planait sanglante encor sur ce monde qui pleure [...]
Savez-vous que c'est grand tout un peuple qui crie !
Savez-vous que c'est triste une ville meurtrie,
Appelant de ses sœurs la lointaine pitié,

1. **Plomb** : plomb des balles de fusil.

Et cousant au linceul[1] sa livide moitié,
Ecrasée au galop de la guerre civile !
Savez-vous que c'est froid le linceul d'une ville !
Et qu'en nous revoyant debout sur quelques seuils
Nous n'avions plus d'accents[2] pour lamenter nos deuils !

Charles Baudelaire, le flâneur de Paris

Fasciné par la ville moderne, Baudelaire aime flâner dans Paris, dont il devient un observateur et un peintre, notamment des pauvres qu'il croise au hasard de ses promenades. Avec le *Spleen de Paris*, Baudelaire donne ses lettres de noblesse au genre du **poème en prose**.

Texte 6

CHARLES BAUDELAIRE (1821-1867)

Le Spleen de Paris, XXVI, **« Les Yeux des pauvres »** (1869, publication posthume ; extrait)

Le poète s'arrête devant la vitrine d'un café-restaurant (très moderne, puisqu'il est éclairé par le gaz !). Mais ce qui l'intéresse n'est pas ce qui se passe à l'intérieur, ce sont les visages de trois pauvres qui, depuis la rue, contemplent ce qu'ils ne pourront jamais se payer.

[La fascination des pauvres]

Le café étincelait. Le gaz[3] lui-même y déployait toute l'ardeur d'un début, et éclairait de toutes ses forces les murs aveuglants de blancheur, les nappes éblouissantes des miroirs, les ors des baguettes et des

1. **Linceul** : toile dans laquelle on ensevelit les morts.

2. **Accents** : au sens ici de cris.

3. **Gaz** : gaz d'éclairage.

corniches[1], les pages[2] aux joues rebondies traînés par des chiens en laisse, les dames riant au faucon[3] perché sur leur poing, les nymphes et les déesses portant sur leur tête des fruits, des pâtés et du gibier, les Hébés[4] et les Ganymèdes[5] présentant à bras tendu la petite amphore[6] à bavaroises[7] ou l'obélisque bicolore des glaces panachées ; toute l'histoire et toute la mythologie mises au service de la goinfrerie.

Droit devant nous, sur la chaussée, était planté un brave homme d'une quarantaine d'années, au visage fatigué, à la barbe grisonnante, tenant d'une main un petit garçon et portant sur l'autre bras un petit être trop faible pour marcher. Il remplissait l'office[8] de bonne et faisait prendre à ses enfants l'air du soir. Tous en guenilles[9]. Ces trois visages étaient extraordinairement sérieux, et ces six yeux contemplaient fixement le café nouveau avec une admiration égale, mais nuancée diversement par l'âge.

Les yeux du père disaient : « Que c'est beau ! que c'est beau ! on dirait que l'or du pauvre monde est venu se porter sur ces murs. » — Les yeux du petit garçon : « Que c'est beau ! que c'est beau ! mais c'est une maison où peuvent seuls entrer les gens qui ne sont pas comme nous. » — Quant aux yeux du plus petit, ils étaient trop fascinés pour exprimer autre chose qu'une joie stupide et profonde.

---

1. **Baguettes** : moulures décoratives arrondies ou plates posées sur un mur. **Corniches** : moulures décoratives en saillies autour d'un plafond.

2. **Pages** : jeunes enfants nobles qui figurent, comme le montre la suite, sur une peinture murale évoquant une scène de chasse.

3. **Riant au faucon** : riant devant le faucon qui les amuse.

4. **Les Hébés** : les serveuses du café, par référence à Hébé, fille de Zeus, qui servait à boire.

5. **Ganymèdes** : les garçons de café, par référence à Ganymède qui servait à boire à Zeus.

6. **Amphore** : bouteille ou vase à deux anses.

7. **Bavaroises** : boissons chaudes à base de thé et de sirop.

8. **L'office** : la fonction.

9. **Guenilles** : vêtements en lambeaux, haillons.

■ Émile Verhaeren, poète de la condition ouvrière

Poète belge d'expression française, Émile Verhaeren est le **poète de la modernité**, des villes tentaculaires et des industries. Il y voit une fascinante puissance et énergie. Socialiste, il n'en comprend ni n'en soutient pas moins les révoltes ouvrières et le désespoir du prolétariat.

Texte 7

ÉMILE VERHAEREN (1855-1916)

Les Flambeaux noirs, « **La révolte** » (1890)

Révoltés par leur condition de travail, les ouvriers marchent vers la ville. Plus ils s'en rapprochent, plus ils sont nombreux. La grève risque de tourner à l'émeute, quel qu'en soit le prix à payer, comme le montre le poète dans « La révolte ».

[L'émeute en marche]

Vers une ville au loin d'émeute et de tocsin[1],
Où luit le couteau nu des guillotines,
En tout-à-coup de fou désir, s'en va mon cœur[2].

Les sourds tambours de tant de jours
De rage tue et de tempête,
Battent la charge dans les têtes.

Le cadran vieux d'un beffroi[3] noir
Darde[4] son disque au fond du soir,
Contre un ciel d'étoiles rouges.

1. **Tocsin** : sonnerie de cloche donnant l'alarme.
2. Mon cœur ressent les à-coups d'un désir fou.
3. **Beffroi** : tour municipale ou d'une église dans le nord de la France et en Belgique.
4. **Darde** : lance (le verbe fait image).

Des glas[1] de pas sont entendus
Et de grands feux de toits tordus
Échevèlent les capitales.

Ceux qui ne peuvent plus avoir
D'espoir que dans leur désespoir
Sont descendus de leur silence.

Dites, quoi donc s'entend venir
Sur les chemins de l'avenir,
De si tranquillement terrible ?

La haine du monde est dans l'air
Et des poings pour saisir l'éclair
Sont tendus vers les nuées[2].

C'est l'heure où les hallucinés
Les gueux et les déracinés
Dressent leur orgueil dans la vie.

C'est l'heure — et c'est là-bas que sonne le tocsin ;
Des crosses de fusils battent ma porte ;
Tuer, être tué ! — Qu'importe !

C'est l'heure.

LA RÉVOLTE CONTRE L'OPPRESSION ET LA TYRANNIE

Le refus de l'oppression et de la tyrannie est à l'origine de nombreuses révoltes. Les uns (Chénier au XVIIIe siècle), emprisonnés, ne cessent de dénoncer leurs bourreaux, les autres (Hugo au XIXe siècle) font de la **résistance**, d'autres encore s'engagent

1. Glas : tintement d'une cloche annonçant la mort ou les obsèques de quelqu'un.
2. Nuées : nuages.

dans l'**action clandestine** et combattent autant avec les armes qu'avec leur plume (Desnos et Éluard au XXe siècle).

André Chénier, contre la terreur

Auteur des *Bucoliques* (1785-1787) et de *La Jeune Captive* (1794), André Chénier s'enthousiasme pour la **Révolution** avant de s'inquiéter des crimes qu'elle engendre. Ses attaques contre Robespierre lui valent d'être emprisonné et d'être guillotiné le 25 juillet 1794, deux jours avant la chute et l'exécution de Robespierre lui-même.

Texte 8

ANDRÉ CHÉNIER (1762-1794)

***Iambes*, 15** (1819, édition posthume ; extrait)

Dans Iambes *qu'il compose en prison, le poète se révolte contre ses ennemis, crie sa vengeance et son désir de vivre.*

[La colère d'un condamné à mort]

Mourir sans vider mon carquois[1] !
Sans percer, sans fouler, sans pétrir dans leur fange[2]
Ces bourreaux barbouilleurs de lois !
Ces vers cadavéreux de la France asservie,
Égorgée ! Ô mon cher trésor,
Ô ma plume ! fiel, bile, horreur, dieux de ma vie !
Par vous seuls je respire encor :
Comme la poix[3] brûlante agitée en ses veines
Ressuscite un flambeau mourant,
Je souffre ; mais je vis. Par vous loin de mes peines,

1. **Carquois** : étui à flèches.
2. **Fange** : boue presque liquide.
3. **Poix** : matière visqueuse à base de résine ou de goudron de bois.

D'espérance un vaste torrent
Me transporte. Sans vous, comme un poison livide,
L'invisible dent du chagrin,
Mes amis opprimés, du menteur homicide
Les succès, le sceptre d'airain,
Des bons[1] proscrits par lui la mort ou la ruine,
L'opprobre[2] de subir sa loi,
Tout eût tari ma vie ; ou contre ma poitrine
Dirigé mon poignard[3]. Mais quoi !
Nul ne resterait donc pour attendrir l'histoire
Sur tant de justes massacrés ?
Pour consoler leurs fils, leurs veuves, leur mémoire,
Pour que des brigands abhorrés[4]
Frémissent aux portails noirs de leur ressemblance,
Pour descendre jusqu'aux enfers
Nouer le triple fouet[5], le fouet de la vengeance,
Déjà levé sur ces pervers ?
Pour cracher sur leurs noms, pour chanter leur supplice ?
Allons, étouffe tes clameurs ;
Souffre, ô cœur gros de haine, affamé de justice.
Toi, Vertu, pleure, si je meurs.

■ Victor Hugo, contre Napoléon III

Le coup d'État du 2 décembre 1851 transforme Victor Hugo en adversaire implacable de Napoléon III et du Second Empire. Dans l'île anglo-normande de Jersey où il s'est exilé, il compose

1. **Des bons** : des bons citoyens.
2. **Opprobre** : déshonneur, honte.
3. Des prisonniers célèbres, comme le philosophe Condorcet ou le moraliste Chamfort, s'étaient suicidés en prison.
4. **Abhorrés** : haïs, détestés.
5. **Triple fouet** : le fouet des trois Furies, déesses de la vengeance (Mégère, Tisiphone, Alecto).

Les Châtiments, qui constituent un **réquisitoire sans appel contre l'Empereur.**

Texte 9

VICTOR HUGO (1802-1885)

Les Châtiments, VII, « **Ultima verba** » (1853)

Le recueil s'achève sur ce poème, « Ultima verba », qui se veut la « dernière parole » du poète. Hugo y dresse le portrait de lui-même : celui d'un adversaire acharné de l'Empereur, prêt, quel qu'en soit le prix, à être son dernier opposant et qui souhaite incarner la résistance républicaine.

[Le républicain inflexible]

Mes nobles compagnons[1], je garde votre culte ;
Bannis, la République est là qui nous unit.
J'attacherai la gloire à tout ce qu'on insulte ;
Je jetterai l'opprobre[2] à tout ce qu'on bénit !

Je serai, sous le sac de cendre qui me couve,
La voix qui dit : malheur ! la bouche qui dit : non !
Tandis que tes valets te montreront ton Louvre,
Moi, je te montrerai, César, ton cabanon[3].

Devant les trahisons et les têtes courbées,
Je croiserai les bras, indigné, mais serein.
Sombre fidélité pour les choses tombées,
Sois ma force et ma joie et mon pilier d'airain[4] !

1. **Mes nobles compagnons** : tous ceux qui, comme Hugo, ont fui la France pour échapper à la répression, ou qui ont été déportés sur ordre de l'Empereur.

2. **Opprobre** : voir note 2, p. 110.

3. **Cabanon** : cachot où l'on enfermait les fous dangereux.

4. **Airain** : bronze.

Oui, tant qu'il sera là, qu'on cède ou qu'on persiste,
Ô France ! France aimée et qu'on pleure toujours,
Je ne reverrai pas ta terre douce et triste,
Tombeau de mes aïeux et nid de mes amours !

Je ne reverrai pas ta rive qui nous tente,
France ! hors le devoir, hélas ! j'oublierai tout.
Parmi les éprouvés je planterai ma tente :
Je resterai proscrit, voulant rester debout.

J'accepte l'âpre exil, n'eût-il ni fin ni terme ;
Sans chercher à savoir et sans considérer
Si quelqu'un a plié qu'on aurait cru plus ferme,
Et si plusieurs s'en vont qui devraient demeurer.

Si l'on n'est plus que mille, eh bien, j'en suis ! Si même
Ils ne sont plus que cent, je brave encor Sylla[1] ;
S'il en demeure dix, je serai le dixième ;
Et s'il n'en reste qu'un, je serai celui-là !

■ André Breton, la révolte radicale du surréalisme

Le surréalisme, dont André Breton est le chef de file, né de la **protestation** contre la tuerie de la Première Guerre mondiale, se nourrit des découvertes de Freud sur l'**inconscient** et prône la **révolution marxiste**.

Texte 10

ANDRÉ BRETON (1896-1966)

Second manifeste du surréalisme (1929, extraits), in *Manifestes du surréalisme*, © Éditions Fayard

Rimbaud souhaitait « changer la vie ». Les surréalistes veulent en même temps changer le monde, ainsi que le montre cet extrait. Pour

1. Sylla : homme politique romain (139-78 av. J.-C.) qui, dictateur, multiplia les proscriptions (condamnations arbitraires) pour éliminer ses adversaires.

Breton, la révolte doit être totale et dans tous les domaines. Il s'agit d'en finir avec le monde capitaliste et l'ordre établi.

[Contre la raison et la morale qui emprisonnent l'homme]

Tout est à faire, tous les moyens doivent être bons à employer pour ruiner les idées de famille, de patrie, de religion. La position surréaliste a beau être, sous ce rapport, assez connue, encore faut-il qu'on sache qu'elle ne comporte pas d'accommodements. Ceux qui prennent à tâche de la maintenir persistent à mettre en avant cette négation, à faire bon marché de tout autre critérium de valeurs.

Comment pratiquer cette « révolte absolue » ? Par la libération de l'inconscient et la réhabilitation du rêve, qui ruinent la logique et la pensée rationnelle, toutes deux sclérosantes[1] et qui amputent la réalité. Par la réhabilitation de l'amour et de l'érotisme qui sape les fondements de la morale bourgeoise et dominante. Par le militantisme, sous toutes ses formes, en faveur de la révolution prolétarienne.

■ Paul Éluard, contre un réel trop étouffant

Proche d'André Breton et des surréalistes, Paul Éluard travaille sur le langage au point d'en défier et parfois briser les structures logiques (grammaticales), et de créer ainsi un **univers mental**, différent de celui qui nous semble exister.

Texte 11

PAUL ÉLUARD (1895-1952)

« Ne plus partager » in *Capitale de la douleur*, © Éditions Gallimard

Ce recueil regroupe des poèmes composés de 1921 à 1926. Dans celui qui suit, « Ne plus partager », le poète décrit le réel non pas tel qu'il

1. **Sclérosantes** : paralysantes.

est ou pourrait être, mais tel qu'il le perçoit aux frontières du rêve et peut-être de la folie. Le langage devient exploration.

[Contre les fausses apparences du réel]

Au soir de la folie, nu et clair,
L'espace entre les choses a la forme de mes paroles,
La forme des paroles d'un inconnu,
D'un vagabond qui dénoue la ceinture de sa gorge
Et qui prend les échos au lasso.

Entre des arbres et des barrières,
Entre des murs et des mâchoires,
Entre ce grand oiseau tremblant
Et la colline qui l'accable,
L'espace a la forme de mes regards.

Mes yeux sont inutiles,
Le règne de la poussière est fini,
La chevelure de la route a mis son manteau rigide,
Elle ne fuit plus, je ne bouge plus,
Tous les ponts sont coupés, le ciel n'y passera plus,
Je peux bien n'y plus voir.
Le monde se détache de mon univers
Et, tout au sommet des batailles,
Quand la saison du sang se fane dans mon cerveau,
Je distingue le jour de cette clarté d'homme
Qui est la mienne,
Je distingue le vertige de la liberté,
La mort de l'ivresse,
Le sommeil du rêve,

Ô reflets sur moi-même ! ô mes reflets sanglants !

Robert Desnos, contre le nazisme

Longtemps lié aux surréalistes dont il s'éloigne pour cause de divergences politiques, Robert Desnos entre dans la clandestinité dès le début de la Seconde Guerre mondiale. Les recueils qu'il publie alors appellent à l'**action contre le nazisme** (*Fortunes*, 1942 ; *État de veille*, 1943). Arrêté, déporté dans un camp de concentration, il mourra du typhus en Tchécoslovaquie.

Texte 12

ROBERT DESNOS (1900-1945)

« Le Veilleur du Pont-au-Change », in *Destinées arbitraires*, © Éditions Gallimard

Dans le poème qui suit et qui donne son titre à un autre de ses recueils, publié en 1942, Desnos salue les résistants, de quels que pays qu'ils viennent.

[Un hommage aux résistants]

[...] Je suis le veilleur du Pont-au-Change[1]
Et je vous salue, au seuil du jour promis
Vous tous mes camarades de la rue de Flandre à la Poterne
des Peupliers,
Du Point du Jour à la Porte Dorée.

Je vous salue vous qui dormez
Après le dur travail clandestin,
Imprimeurs, porteurs de bombes, déboulonneurs de rails,
incendiaires,
Distributeurs de tracts, contrebandiers, porteurs de messages,
Je vous salue vous tous qui résistez, enfants de vingt ans
au sourire de source

1. Nom d'un vieux pont de Paris, qui relie l'île de la Cité à la rive droite, au niveau du Châtelet. Les indications géographiques qui suivent concernent toutes Paris.

Vieillards plus chenus[1] que les ponts, hommes robustes, images de saisons,
Je vous salue au seuil du nouveau matin.

Je vous salue sur les bords de la Tamise[2],
Camarades de toutes les nations présents au rendez-vous,
Dans la vieille capitale anglaise,
Dans le vieux Londres et la veille Bretagne,
Américains de toutes races et de tous drapeaux,
Au-delà des espaces atlantiques,
Du Canada au Mexique, du Brésil à Cuba,
Camarades de Rio, de Tehuantepec[3], de New-York et San Francisco.

J'ai donné rendez-vous à toute la terre sur le Pont-au-Change, [...]

■ Paul Éluard, contre l'occupation allemande

Paul Éluard (1895-1952) entre dans la **Résistance** dès le début de la Seconde Guerre mondiale. **Composé en pleine Occupation**, son recueil *Poésie et Vérité* renferme le célèbre poème « Liberté ». Traduit en dix langues, le texte sera parachuté par la Royal Air Force dans plusieurs pays subissant le joug nazi afin d'encourager la lutte.

Texte 13

PAUL ÉLUARD (1895-1952)

Poésie et vérité, **« Liberté »** (1942 ; extrait), © Éditions de Minuit

Dans la France occupée, la reconquête de la liberté devient une exigence tout autant morale que politique. Elle devient même une obsession, comme le montre le poème qui suit, intitulé « Liberté ». Et cette obsession est déjà un acte de résistance.

---

1. Chenus : qui a des cheveux blancs.

2. Tamise : un des principaux fleuves d'Angleterre, qui passe notamment à Londres.

3. Tehuantepec : isthme du Mexique.

[L'hymne à la liberté]

Sur le tremplin de ma porte
Sur les objets familiers
Sur le flot du feu béni
J'écris ton nom
Sur toute chair accordée
Sur le front de mes amis
Sur chaque main qui se tend
J'écris ton nom
Sur la vitre des surprises
Sur les lèvres attentives
Bien au-dessus du silence
J'écris ton nom
Sur mes refuges détruits
Sur mes phares écroulés
Sur les murs de mon ennui
J'écris ton nom
Sur l'absence sans désir
Sur la solitude nue
Sur les marches de la mort
J'écris ton nom
Sur la santé revenue
Sur le risque disparu
Sur l'espoir sans souvenir
J'écris ton nom
Et par le pouvoir d'un mot
Je recommence ma vie
Je suis né pour te connaître
Pour te nommer
Liberté.

LA RÉVOLTE CONTE LE COLONIALISME ET LE RACISME

La seconde moitié du XXe siècle est dominée en France par la décolonisation. Des poètes africains, guyanais (Damas) et martiniquais (Césaire) plaident pour l'**indépendance des colonies françaises**. La paix revenue et la décolonisation achevée, c'est une nouvelle révolte qui naît et qui perdure jusqu'à nos jours : celle **contre le racisme**. Les deux combats sont liés, qui rappellent la dignité de tout homme.

■ Aimé Césaire, défenseur de la cause des Noirs

Martiniquais, maire de Fort-de-France puis député, Aimé Césaire (1913-2008), après avoir un temps milité dans les rangs du parti communiste, s'engage en faveur de l'indépendance des colonies françaises d'Afrique. Son *Cahier d'un retour au pays natal* (1947) exprime sa détermination farouche d'**en finir avec les humiliations** de toutes sortes infligées aux Noirs.

Texte 14

AIMÉ CÉSAIRE (1913-2008)

« Prophétie » in *Les Armes miraculeuses*, © Éditions Gallimard

Dans son recueil Les Armes miraculeuses *(1946), d'où est extrait le poème « Prophétie », Césaire souhaite donner aux Noirs une poésie qui leur soit propre, qui corresponde à leurs attentes et à leurs aspirations.*

[Un plaidoyer pour la Martinique]

là où l'aventure garde les yeux clairs
là où les femmes rayonnent de langage
là où la mort est belle dans la main comme un oiseau saison de lait
là où le souterrain[1] cueille de sa propre génuflexion[2] un luxe de prunelles plus violent que des chenilles

1. **Souterrain** : au sens ici de grotte.
2. **Génuflexion** : agenouillement en signe de respect ou d'adoration.

là où la merveille agile fait flèche et feu de tout bois

là où la nuit vigoureuse saigne une vitesse de purs végétaux

là où les abeilles des étoiles piquent le ciel d'une ruche plus ardente que la nuit
là où le bruit de mes talons remplit l'espace et lève à rebours la face du temps
là où l'arc-en-ciel de ma parole est chargé d'unir demain à l'espoir et l'infant[1] à la reine,

d'avoir injurié mes maîtres mordu les soldats du sultan
d'avoir gémi dans le désert
d'avoir crié vers mes gardiens
d'avoir supplié les chacals et les hyènes pasteurs de caravanes
je regarde
la fumée se précipite en cheval sauvage sur le devant de la scène ourle un instant la lave de sa fragile queue de paon puis se déchirant la chemise s'ouvre d'un coup la poitrine et je la regarde en îles britanniques en îlots de rochers déchiquetés se fondre peu à peu dans la mer lucide de l'air
où baignent prophétiques
ma gueule
ma révolte
mon nom

■ Léon-Gontran Damas, contre l'assimilation

Né à Cayenne, en Guyane, dont il devient le député de 1948 à 1951, Léon-Gontran Damas est un poète de la **négritude**, courant littéraire et politique anticolonialiste né durant l'entre-deux-guerres et rassemblant des écrivains francophones noirs. Le principe même de l'assimilation qui voulait faire de lui, culturellement et

1. Infant : titre donné aux enfants cadets des rois d'Espagne et du Portugal.

socialement, un Occidental, au détriment de sa propre culture, l'indigne. Sa révolte use de l'arme de l'ironie.

Texte 15

LÉON-GONTRAN DAMAS (1912-1978)

Névralgies-Pigments, « **Solde** » (1972 ; extrait), © Présence Africaine Éditions

Le poète prend le thé en compagnie d'Européens. En eux, il voit moins d'agréables convives que des colonialistes. Les fréquenter, les écouter lui semble presque une trahison.

[Contre l'assimilation]

J'ai l'impression d'être ridicule
avec tout ce qu'ils racontent
jusqu'à ce qu'ils vous servent l'après-midi
un peu d'eau chaude
et des gâteaux enrhumés

J'ai l'impression d'être ridicule
avec les théories qu'ils assaisonnent
au goût de leurs besoins
de leurs passions
de leurs instincts ouverts la nuit
en forme de paillasson

J'ai l'impression d'être ridicule
parmi eux complice
parmi eux souteneur[1]
parmi eux égorgeur
les mains effroyablement rouges
du sang de leur ci-vi-li-sa-tion

1. Souteneur : proxénète.

LA RÉVOLTE MÉTAPHYSIQUE : LA FOI RELIGIEUSE EN QUESTION

Il existe enfin une dernière catégorie de révolte, fréquente au XIXe siècle : celle **contre Dieu**, dont les hommes disent ne comprendre ni le silence, ni l'indifférence à l'égard des souffrances humaines. Historiquement, depuis le XVIIIe siècle et les Lumières, les progrès scientifiques remettent en cause les affirmations de la Bible et les principes du christianisme. Politiquement, la Troisième République voit se développer un fort **courant anticlérical**. En 1905 est votée la loi instaurant la séparation des églises et de l'État, loi qui est à l'origine de la laïcité. Philosophiquement enfin, les philosophies de l'absurde (avec Camus et Sartre) contestent l'idée même de **l'existence de Dieu**.

■ Alfred de Vigny, le silence de Dieu

Né dans une famille catholique, Vigny s'éloigne progressivement de la foi religieuse de son enfance. Face aux **souffrances des hommes**, il ne comprend pas que Dieu, s'il existe, puisse se taire. Sa révolte rejoint celle de nombreux romantiques de son temps.

Texte 16

ALFRED DE VIGNY (1797-1863)

Poèmes antiques et modernes, « **Moïse** » (1826-1829 ; extrait)

Moïse est une figure capitale de l'Ancien Testament, dans la Bible. Libérateur du peuple hébreu, retenu prisonnier en Égypte, il le conduit vers la Terre promise. Sur le Sinaï, il reçoit de Dieu les Tables de la Loi (les Dix commandements). Enfermé dans sa solitude de serviteur et de messager de Dieu, Moïse regrette d'avoir été choisi par Celui-ci : « Que vous ai-je donc fait pour être votre élu ? ». Moïse aspire non pas à l'éternité mais à s'enfoncer dans le néant.

[L'aspiration au néant d'un élu de Dieu]

Et, debout devant Dieu, Moïse, ayant pris place,
Dans le nuage obscur lui parlait face à face.

Il disait au Seigneur : « Ne finirai-je pas ?
Où voulez-vous encor que je porte mes pas ?
Je vivrai donc toujours puissant et solitaire ?
Laissez-moi m'endormir du soleil de la terre.
Que vous ai-je donc fait pour être votre élu ?
J'ai conduit votre peuple où vous avez voulu.
Voilà que son pied touche à la terre promise,
De vous à lui qu'un autre[1] accepte l'entremise[2],
Au coursier d'Israël qu'il attache le frein[3] ;
Je lui lègue mon livre[4] et la verge d'airain[5].

« Pourquoi vous fallut-il tarir mes espérances,
Ne pas me laisser homme avec mes ignorances,
Puisque du mont Horeb[6] jusques au mont Nébo[7]
Je n'ai pas pu trouver le lieu de mon tombeau ? [...] »

■ Charles Baudelaire, de la révolte au blasphème

Les Fleurs du mal décrivent le tragique de la condition humaine. L'homme est par nature un être déchiré entre son **aspiration au Bien** et son **attirance pour le Mal**. Comment ne se révolterait-il pas contre cette situation qui lui enlève toute possibilité de vrai et durable bonheur ? Sa révolte le conduit à se dresser contre Dieu même.

---

1. Cet « autre » qui fera entrer les Hébreux en Terre promise est Josué.

2. Entremise : fait de servir d'intermédiaire, ici entre Dieu et les Hébreux.

3. Frein : mors d'un cheval.

4. Livre : le *Pentateuque*, formé des cinq premiers livres de la Bible, attribués à Moïse.

5. Verge d'airain : baguette miraculeuse donnée par Dieu à Moïse.

6. Mont Horeb : autre nom du Sinaï.

7. Mont Nébo : mont au nord-est de la Mer Morte, où meurt Moïse.

Texte 17

CHARLES BAUDELAIRE (1821-1867)

Les Fleurs du mal, **« Le Reniement de saint Pierre »** (1857 ; extraits)

Durant la nuit qui vit l'arrestation de Jésus au mont des Oliviers, Pierre, un des douze apôtres, a par trois fois renié son Maître en assurant aux soldats qu'il ne Le connaissait pas. Ce « Reniement de saint Pierre », Baudelaire, dans sa révolte, l'approuve.

Qu'est-ce que Dieu fait de ce flot d'anathèmes[1]
Qui monte tous les jours vers ses chers Séraphins[2] ?
Comme un tyran gorgé de viande et de vins,
Il s'endort au doux bruit de nos affreux blasphèmes[3].

Les sanglots des martyrs et des suppliciés
Sont une symphonie enivrante sans doute,
Puisque, malgré le sang que leur volupté coûte,
Les cieux ne s'en sont point encore rassasiés !

— Ah ! Jésus, souviens-toi du Jardin des Olives[4] !
Dans ta simplicité tu priais à genoux
Celui qui dans son ciel riait au bruit des clous
Que d'ignobles bourreaux plantaient dans tes chairs vives,

Lorsque tu vis cracher sur ta divinité
La crapule du corps de garde et des cuisines,
Et lorsque tu sentis s'enfoncer les épines
Dans ton crâne où vivait l'immense Humanité ; [...]

1. **Anathèmes** : condamnations, excommunications, prononcées contre les ennemis de la foi, contre les hérétiques.

2. **Séraphins** : nom donné aux anges les plus importants.

3. **Blasphèmes** : injures ou insultes contre Dieu, sacrilèges.

4. Allusion au Mont des Oliviers où Jésus passa sa dernière nuit avant d'être arrêté.

Rêvais-tu de ces jours si brillants et si beaux
Où tu vins pour remplir l'éternelle promesse,
Où tu foulais, monté sur une douce ânesse,
Des chemins tout jonchés de fleurs et de rameaux[1],

Où, le cœur tout gonflé d'espoir et de vaillance,
Tu fouettais tous ces vils marchands[2] à tour de bras,
Où tu fus maître enfin ? Le remords n'a-t-il pas
Pénétré dans ton flanc plus avant que la lance ?

— Certes, je sortirai, quant à moi, satisfait
D'un monde où l'action n'est pas la sœur du rêve ;
Puissé-je user du glaive et périr par le glaive[3] !
Saint Pierre a renié Jésus… il a bien fait !

Stéphane Mallarmé, de la quête de l'absolu à l'athéisme

Chef de file des poètes symbolistes, Mallarmé a longtemps été hanté par l'Idéal, l'« azur ». Mais cet idéal demeure inaccessible parce que « **le ciel est vide** ». En s'en prenant à Dieu, Baudelaire croyait encore à Dieu. Mallarmé, lui, proclamera la mort de Dieu (dans *Igitur*, 1884).

---

1. Rameaux : il s'agit ici de rameaux de palmiers avec lesquels ses disciples accueillirent, pour l'honorer, Jésus à son entrée dans Jérusalem ; d'où, dans la religion catholique, la fête du dimanche des Rameaux qui se situe une semaine avant la fête de Pâques.

2. Dans les Évangiles, il est dit que Jésus chassa les marchands hors du Temple de Jérusalem.

3. Allusion à une parole du Christ qui dit que tout homme qui use du glaive périra par le glaive. Le poète inverse le propos.

Texte 18

STÉPHANE MALLARMÉ (1842-1898)

Poésies, **« L'Azur »** (1862-1864 ; extrait)

Plus le poète rêve d'atteindre l'idéal, la perfection, ce qu'il appelle « L'Azur », plus l'azur le regarde presque moqueur. Il ne lui reste donc que le désespoir et le blasphème.

[Le ciel inaccessible]

De l'éternel Azur la sereine ironie
Accable, belle indolemment comme les fleurs,
Le poète impuissant qui maudit son génie
À travers un désert stérile de Douleurs.

Fuyant, les yeux fermés, je le sens qui regarde
Avec l'intensité d'un remords atterrant,
Mon âme vide. Où fuir ? Et quelle nuit hagarde
Jeter, lambeaux, jeter sur ce mépris navrant ?

Brouillards, montez ! Versez vos cendres monotones
Avec de longs haillons de brume dans les cieux
Qui noiera le marais livide des automnes
Et bâtissez un grand plafond silencieux !

Et toi, sors des étangs léthéens[1] et ramasse
En t'en venant la vase et les pâles roseaux,
Cher Ennui, pour boucher d'une main jamais lasse
Les grands trous bleus que font méchamment les oiseaux.

---

1. Léthéens : qui procurent l'oubli. L'adjectif est formé sur le nom du Léthé, un des fleuves des Enfers dans la mythologie grecque, dont l'eau faisait oublier à l'âme des morts toute vie antérieure.

Encor ! que sans répit les tristes cheminées
Fument, et que de suie une errante prison
Éteigne dans l'horreur de ses noires traînées
Le Soleil se mourant jaunâtre à l'horizon !

– Le Ciel est mort. – Vers toi, j'accours ! donne, ô matière,
L'oubli de l'Idéal cruel et du Péché
A ce martyr qui vient partager la litière
Où le bétail heureux des hommes est couché.

Qu'il se voie comme un « guide », à la manière de Victor Hugo, ou qu'il se pense comme un homme parmi les autres hommes, à la manière de Paul Éluard, le poète ne peut ignorer son temps, dont il partage les malheurs et les vicissitudes[1]. Aussi la poésie est-elle souvent engagée et en état de révolte.

1. **Vicissitudes** : succession d'événements le plus souvent malheureux.

Le dossier

L'écriture poétique

Le poète d'à peine dix-sept ans qu'est Rimbaud en 1870 fait preuve d'une remarquable maîtrise et audace dans son écriture poétique : celle-ci est déjà transgressive, variée dans ses effets et riches en images.

UNE ÉCRITURE TRANSGRESSIVE

Rimbaud rompt avec la décence ordinaire de la langue poétique : dans son vocabulaire, souvent familier, dans ses rimes, fréquemment cocasses, et dans son utilisation du sonnet « libertin ».

1 • Un vocabulaire familier et volontairement choquant

• Traditionnellement, la langue poétique est une langue recherchée, parfois savante. Rimbaud n'hésite pas, lui, à employer un **vocabulaire peu raffiné**. On y trouve en effet :
- des onomatopées : « Hurrah » (« Bal des pendus », v. 13 et 25) ; « couacs » (« À la musique », v. 9) ; « dada », « pioupiou » (« L'Éclatante victoire de Sarrebruck », v. 2 et 5) ;
- des mots d'un réalisme cru : « culs » (« Les Effarés », v. 3) ; « ulcère à l'anus » (« Vénus Anadyomène », v. 14) ;
- des provincialismes (façons de parler propres à une région) du nord et de l'est de la France : « bureau » pour « un employé de bureau » (« Les Réparties de Nina », v. 116) ;
- un néologisme (mot inventé) : le cœur « robinsonne » (« Roman », v. 17).

2 • Des rimes cocasses et provocatrices

• Plusieurs rimes suscitent par ailleurs le sourire, tant elles sont **insolites** :
- les unes portent sur des mots qui n'ont aucun rapport entre eux, comme : « Vénus/anus » (« Vénus Anadyomène », v. 12-14), « limonade/promenade », « réverbère/père » (« Roman », v. 2-4 et 18-20) ;

Le sonnet libertin

En principe, les deux quatrains doivent être grammaticalement indépendants des deux tercets. Ce n'est pas le cas dans « Au Cabaret-Vert » où le second quatrain empiète grammaticalement sur le premier tercet : « Quand la fille aux tétons énormes, aux yeux vifs [...]/Rieuse, m'apporta... ». Le même phénomène s'observe dans « La Maline » et « Ma Bohème ».

En principe, les rimes des tercets doivent reposer sur le modèle CCD/EED. Les rimes du premier tercet de « Rages de Césars » inversent le procédé, elles sont sur le modèle CDD. Le premier tercet de « Vénus Anadyomène » repose sur une rime unique en [ou].

– d'autres opèrent des rapprochements inattendus entre des mots de sens opposés, comme : « brutal/cristal » (« Première soirée », v. 14-16) ; « aimable/diable » (« Bal des pendus », v. 1-3) ; « égratignée/araignée » (« Rêvé pour l'hiver », v. 9-10).

3 • Des sonnets « libertins »

• Le sonnet est une forme qui obéit à de nombreuses règles. Quand le sonnet les respecte, il est dit « régulier ». Quand il ne les respecte pas, il est dit **« libertin »**, d'après l'adjectif latin *liber*, qui signifie « libre » (à l'égard des conventions de quelque nature que ce soit).

UNE ÉCRITURE AUX EFFETS VARIÉS

Rimbaud use par ailleurs d'une large gamme de registres : ceux, notamment, de l'épopée, de la satire, du lyrisme et, dans un cas, du burlesque.

1 • Le registre de l'épopée

• L'épopée est un long poème racontant en un style soutenu les **exploits réels ou légendaires** d'un héros ou d'un peuple. Le modèle en est l'*Iliade* et l'*Odyssée* du grec Homère (fin du VIIIe siècle avant notre ère).

• Avec ses 178 vers, « Le Forgeron » se rattache au genre de l'épopée. Composé en alexandrins, le poème en a la majesté. Préfigurant la Révolution et la chute de la monarchie, il en a l'importance historique. Annonçant un avenir meilleur et plus fraternel, il en a l'idéal mobilisateur. Le poème use enfin des procédés rhétoriques propres à l'épopée tels que la personnification (« le devoir », v. 151).

2 • Le registre de la satire

• La satire se présente sous plusieurs aspects. Certains sonnets ont **la violence d'un pamphlet**. Napoléon III est leur cible unique. « Rages de Césars » le présente en dictateur, exclusivement soucieux de ses plaisirs. « L'Éclatante victoire de Sarrebruck » le campe en chef de guerre ridicule.

• D'autres textes s'en prennent aux bourgeois de Charleville (« À la musique »), à leur physique, à leurs habits et manies. « Le Châtiment de Tartufe » est une **critique de l'hypocrisie religieuse**. La satire se fait **sociale** dans « Les Effarés » et **politique** dans la dénonciation de la guerre de 1870 (« Le Dormeur du val »). Avec « Le Mal », elle est enfin violemment antireligieuse.

3 • Le registre du lyrisme

• Expression passionnée des sentiments, le lyrisme revêt plusieurs nuances. « Soleil et chair » est un **hymne à l'Amour universel** dont vibre la « Nature vivante » (v. 21). « Ophélie », du nom de la jeune fille morte d'avoir trop cru à l'Amour et à la Liberté (v. 29), prend les accents d'une oraison funèbre (discours prononcé en l'honneur d'un disparu célèbre) : « Ô pâle Ophélia ! belle comme la neige » (v. 17). « Morts de Quatre-vingt-douze… » est un hommage aux soldats de la Révolution et de la République.

• Plusieurs poèmes traitent enfin de **l'éveil des sens**, de la passion ou des rêveries amoureuses (« Les Réparties de Nina », « Sensation », « Première soirée », « Rêvé pour l'hiver »).

4 • Le registre burlesque

• « Bal des pendus » est un cas à part. Il rappelle par son titre la célèbre *Ballade des pendus* de François Villon (XVe siècle). Mais là où Villon cherchait à susciter la pitié pour les pauvres pendus condamnés à mort et exécutés, Rimbaud décrit une **danse macabre humoristique**. Ses pendus flottent au vent et s'entrechoquent comme des pantins. C'est le propre du burlesque que de traiter légèrement un sujet grave (ou inversement de traiter gravement un sujet léger).

UNE ÉCRITURE RICHE EN IMAGES

Il n'est pas enfin d'écriture poétique sans recours aux figures de rhétorique que sont les comparaisons et les métaphores.

1 • Les comparaisons

• Elles sont nombreuses et le plus souvent introduites par la conjonction « comme ». La couleur en est parfois à l'origine : la « blanche Ophélia flotte comme un grand lys » (v. 2), le lys étant une fleur blanche.

• Le son s'associe à la couleur dans la comparaison des pendus qui, revêtus de l'habit noir des condamnés à mort, s'entrechoquent sous le vent « comme des orgues noirs » (« Bal des pendus », v. 10). Le rire sonore du Forgeron est « comme un clairon d'airain » (v. 3). Dans « Soleil et chair », « le monde vibrera comme une immense lyre » (v. 78).

• L'odorat est également sollicité. Dans « Le Buffet », le meuble entrouvert déverse « comme un flot de vin vieux, des parfums engageants » (v. 4).

2 • Les métaphores

• La métaphore est une comparaison dont le terme comparatif n'est pas exprimé ; par exemple : « Pierre est fort comme un lion » (comparaison) devient « Pierre est un lion » (métaphore).

• Dans « Le Forgeron », la sinistre prison de la Bastille se change en une « bête » qui « suait du sang à chaque pierre » (v. 60). Dans « Le Mal », les soldats meurent sous « les crachats rouges de la mitraille » (c'est-à-dire sous les balles, v. 1). Les dames de compagnie qui accompagnent les « grosses dames » de Charleville sont d'« officieux cornacs », les « cornacs » étant, en Inde, ceux qui conduisent les éléphants (« À la musique », v. 10-11). Le désir devient une « sève » qui « est du champagne » (« Roman », v. 14). Le jeu du soleil à travers des feuillages « accroch[e] follement aux herbes des haillons d'argent » (« Le Dormeur du val », v. 2-3). Dès les *Cahiers de Douai,* Rimbaud se révèle un **poète doué et prometteur**.

La figure du poète

Les poèmes des Cahiers de Douai *dessinent l'image d'un poète qui est tout à la fois un peintre et un adolescent sensuel et révolté.*

UN PEINTRE

Peintre, Rimbaud l'est de trois façons : c'est un coloriste et un caricaturiste, possédant au plus haut point le sens du mouvement.

1 • Un coloriste

• En 1871, Rimbaud écrira le célèbre sonnet des « Voyelles » dans lequel il associe chaque voyelle à une couleur : « A noir, E blanc, I rouge, U vert, O bleu ». Mais dès les *Cahiers de Douai*, **il voit le monde en couleurs.**

• Sous un ciel sans nuages, sa promenade est « du bon matin bleu » (« Les Réparties de Nina », v. 5), ou bien s'effectue « par les soirs bleus d'été » (« Sensation », v. 1). Au « Bal des pendus », le gibet est « noir » (v. 1), comme sont « noirs dans la neige » les « Effarés » qui regardent le boulanger cuire son pain (v. 1). La mitraille jette des « crachats rouges » (« Le Mal », v. 1). Les rêves érotiques du poète-voyageur se produisent dans « un wagon rose » (« Rêvé pour l'hiver », v. 1).

2 • Un caricaturiste

• Rimbaud est tout aussi prompt à saisir une silhouette. Voici, dans « À la musique », « un bourgeois à boutons clairs, bedaine flamande » (v. 18), des employés de bureau « bouffis » (v. 10), des « rentiers à lorgnons » (v. 9). Napoléon III « chemine, en habit noir, et le cigare aux dents » (« Rages de Césars », v. 2). Le « Dormeur du val » dort « bouche ouverte, tête nue » (v. 5), « la main sur sa poitrine » (v. 13). La servante du « Cabaret-Vert » a des « tétons énormes » (v. 8). Les personnages ne sont ainsi jamais des portraits complets, mais toujours des **dessins suggestifs**, comportant un détail physique révélateur.

3 • Un sens du mouvement

• Les caricatures suggèrent en outre le mouvement. La construction du sonnet « Vénus Anadyomène » suit l'émergence progressive de la femme hors de l'eau de sa baignoire : d'abord la tête, puis les épaules, le dos, les reins et enfin les fesses.

• Les « pendus » « enlacent leurs bras grêles » (v. 9), « se heurtent longuement dans un hideux amour » (« Bal des pendus », v. 12). Les « alertes fillettes » de « Roman »

« tournent en riant,/Vers moi, leurs yeux tout pleins de choses indiscrètes » (v. 26-28). Le premier vers de « Ma Bohème » allie quant à lui le mouvement et la silhouette : « Je m'en allais, les poings dans mes poches crevées ».

UN ADOLESCENT SENSUEL

La poésie de Rimbaud est une poésie du corps : ses sens sont en éveil, sa sensualité est à fleur de peau et l'érotisme, bien que souvent rêvé, s'exprime sans fausse pudeur.

1 • Des sens toujours en éveil

• Les cinq sens sont en permanence sollicités. Ici, c'est l'odorat : « ça sentira le laitage [...]/Ça sentira l'étable » (« Les Réparties de Nina », v. 71 et 73). Là, c'est le toucher : rien que de « fouler l'herbe menue » le rend heureux (« Sensation », v. 2). Tout le poème des « Effarés » repose sur la vue qu'ont par un soupirail les cinq petits sur le boulanger en train de pétrir son pain. L'ouïe est naturellement dominante dans « À la musique ». Le goût transparaît dans l'appétissante description du « jambon rose et blanc parfumé d'une gousse/D'ail » (« Au Cabaret-Vert », v. 12-13). Cette constante mobilisation des sens traduit le **bonheur du poète de vivre**, de se sentir vivre.

2 • Une sensualité à fleur de peau

• « Ô splendeur de la chair ! ô splendeur idéale ! » s'exclame-t-il dans « Soleil et chair » (v. 117). Le poète observe avec gourmandise le corps des jeunes filles. Il les imagine sous leurs habits :

> Je ne dis pas un mot : je regarde toujours
> La chair de leurs cous blancs brodés de mèches folles :
> Je suis, sous le corsage et les frêles atours,
> Le dos divin après la courbe des épaules.
> (« À la musique », v. 29-32)

• Au hasard de certaines rencontres féminines, son cœur « robinsonne ». Il « divague » aussitôt, « se sent aux lèvres un baiser » (« Roman », v. 17 et 15).

3 • Un érotisme rêvé

• De la sensualité à l'érotisme, il n'y a souvent que l'intensité du désir physique. « Amant » de Nina, le poète se voit « pressant [s]on corps, comme une enfant qu'on

couche » (« Les Réparties de Nina », v. 32 et 50-51). Dès sa « Première soirée » avec lui, la jeune femme est « fort déshabillée » (v. 1), « mi-nue » (v. 6) et le laisse embrasser ses chevilles, ses yeux, ses seins. Le « wagon rose » dans lequel il voyage devient soudain un nid d'amour,

— Et nous prendrons du temps à trouver cette bête
— Qui voyage beaucoup… (« Rêvé pour l'hiver », v. 13-14).

• Mais cet érotisme est le plus souvent **fantasmé, rêvé**. Seul en effet le poème « Première soirée » est rédigé au passé, comme s'il s'agissait d'une expérience vécue. « Les Réparties de Nina » sont au conditionnel présent, à valeur de futur dans le passé. Quant à « Rêvé pour l'hiver », le titre du poème parle de lui-même.

UN RÉVOLTÉ

Le poète est enfin un révolté : contre l'Empire, par républicanisme ; contre l'ordre social dominant, par solidarité avec les pauvres ; contre Dieu et la religion, par athéisme et goût de la liberté.

1 • Un républicain contre l'Empire

• Rimbaud manifeste une **hostilité radicale envers Napoléon III**. Le tenant pour responsable de la guerre, il le caricature violemment dans « L'Éclatante victoire de Sarrebruck », où il le dépeint « sur son dada », « féroce comme Zeus et doux comme un papa » (v. 2 et 4). Ce ne sont pas seulement les horreurs de la guerre qu'il lui impute (dans « Le Mal » ou « Le Dormeur du val »), c'est sa personne et son régime qu'il condamne.

• L'Empereur est un dictateur qui voulut « souffler la Liberté ». Le Second Empire ne fut que « vingt ans d'orgie » (« Rages de Césars », v. 5-6). L'hommage aux soldats de « Quatre-vingt-douze et de Quatre-vingt-treize » morts pour la République n'en prend que plus de force :

Nous vous laissions dormir avec la République,
Nous, courbés sous les rois comme sous une trique (v. 12-13).

2 • Un révolté contre l'ordre social dominant

• Les **bourgeois** sont par ailleurs l'objet de tout son mépris, notamment dans « À la musique ». Ce sont des « rentiers » (v. 9), des « épiciers retraités » (v. 13), tous « bourgeois poussifs » (v. 3), qui affichent « leurs bêtises jalouses » (v. 4). Quand ils

débattent « sérieusement » de politique, ils ne savent que répéter en chœur : « En somme !... » (v. 15-16).

• Le « Forgeron » n'aime pas davantage l'aristocratie de l'Ancien régime, qui maintient le peuple dans la misère. Ici et là, c'est la même haine du poète pour tout ce qui représente l'autorité et, plus encore, envers tous ceux qui vivent dans le luxe et laissent des enfants mourir de faim (« Les Effarés »). C'est autant **l'arrogance** que **l'injustice sociale** que Rimbaud dénonce.

3 • Un athée dressé contre Dieu et la religion

• Représentant à ses yeux l'ordre moral, **la religion** concentre enfin toutes ses attaques. Dans « Le Forgeron », elle est un instrument de soumission, poussant les gens à se mettre « à genoux » (v. 162), tandis qu'un « Chanoine » étale son oisiveté et sa richesse (v. 16- 17).

• « Le Châtiment de Tartufe » est une satire cinglante de la prière : plus « Tartufe » se masturbe, plus il prie. Ce n'est pas seulement, de la part du poète, de l'anticléricalisme. Dans « Le Mal », celui-ci s'en prend en effet directement à Dieu : il le désacralise en disant « un Dieu » (et non Dieu, v. 9) et il le montre riant aux prières des mères angoissées du sort de leurs fils soldats (v. 9-14).

Les deux visages contradictoires du lyrisme

Le lyrisme fait l'objet d'un traitement paradoxal dans les Cahiers de Douai *: d'un côté, en effet, il possède une tonalité solennelle, de l'autre, il est déprécié. À la célébration lyrique s'oppose ainsi la dévalorisation du lyrisme.*

LA CÉLÉBRATION LYRIQUE

Dans la lignée des romantiques et sous l'influence de ses lectures de Victor Hugo, Rimbaud entonne ici et là un hymne à la libération de l'Homme et déplore les morts illustres. Ses figures de style y sont encore des plus traditionnelles.

1 • Un hymne à la libération de l'Homme

• Les deux grands poèmes narratifs que sont « Le Forgeron » et « Soleil et chair » contiennent des **professions de foi**, par essence lyriques.

• Dans « Soleil et chair », l'Amour est la grande loi universelle. La Nature tout entière s'y plie :

> Le Soleil, le foyer de tendresse et de vie,
> Verse l'amour brûlant à la terre ravie (v. 1-2).

Dans une vaste recréation du monde, l'Homme prend la place des Dieux pour devenir lui-même Dieu (v. 35-36). Il atteindra dès lors « l'Idéal, la pensée invincible, éternelle » (v. 69).

• Épopée révolutionnaire, « Le Forgeron » évoque également un **monde meilleur**, à venir, mais plus terrestre, où l'Homme se libérera de la misère, de l'injustice et de l'oppression :

> Et l'on travaillerait fièrement tout le jour,
> Écoutant le devoir comme un clairon qui sonne :
> Et l'on se sentirait très heureux ; et personne,
> Oh ! personne, surtout, ne vous ferait ployer ! (v. 150-153)

2 • Un hommage aux morts

• « Ophélie » et « Morts de Quatre-vingt-douze... » présentent un autre aspect de la célébration lyrique : celui de l'**oraison funèbre**, qui rappelle solennellement les

vertus et les exploits de héros disparus. « Morts de Quatre-vingt-douze... » célèbre le sacrifice des soldats morts pour la défense de la liberté et de la République :

> Hommes extasiés et grands dans la tourmente,
> Vous dont les cœurs sautaient d'amour sous les haillons (v. 5-6).

• Personnage d'*Hamlet*, l'une des plus célèbres tragédies de Shakespeare (1564-1616), Ophélie n'a rien d'historique, contrairement aux soldats de la Révolution. Mais elle incarne la pureté et l'amour absolu. Aussi Rimbaud lui rend-il hommage. Ophélie meurt deux fois : psychologiquement, en sombrant dans la folie, et physiquement, en se noyant :

> Ciel ! Amour ! Liberté ! Quel rêve, ô pauvre Folle ! (v. 29)

Mais c'est pour mieux ressusciter par et dans la **puissance de la parole poétique** :

> — Et le Poète dit qu'aux rayons des étoiles
> Tu viens chercher, la nuit, les fleurs que tu cueillis (v. 33-34).

3 • Des figures de style expressives

• Qu'elle prenne la forme d'un hymne ou d'un hommage, la célébration poétique use des mêmes **procédés rhétoriques** :
– Nombreuses phrases exclamatives et interrogatives.
– Prédominance du vocabulaire affectif.
– Recours fréquent à l'apostrophe : « Ô Vénus, ô Déesse » (« Soleil et chair », v. 9), « Ô pâle Ophélia » (« Ophélie, v. 17), « Ô millions de Christs » (« Morts de Quatre-vingt-douze... », v. 11).
– Fréquentes anaphores : « Nous/Nous » (« Morts de Quatre-vingt-douze... », v. 12-13), « Et quand nous avions/Quand nous avions » (« Le Forgeron », v. 22-23) ; « Où le sol palpitait/Où/Où/Où » (« Soleil et chair », v. 17, 18, 20, 22).
– Vastes périodes oratoires (longues phrases cadencées) :

> Voici plus de mille ans que la triste Ophélie
> Passe, fantôme blanc, sur le long fleuve noir ;
> Voici plus de mille ans que sa douce folie
> Murmure sa romance à la brise du soir (« Ophélie », v. 5-8).

• Tout le sonnet « Morts de Quatre-vingt-douze... » peut s'interpréter comme une **vaste période oratoire**. Il est en effet grammaticalement constitué d'une seule et même phrase.

• L'émeute parisienne, dans « Le Forgeron », prend de même des allures épiques : l'Ouvrier montre

> [...] en bas les larges cours
> Où fourmille, où fourmille, où se lève la foule,
> La foule épouvantable avec des bruits de houle,
> Hurlant comme une chienne, hurlant comme une mer,
> Avec ses bâtons forts et ses piques de fer,
> Ses tambours, ses grands cris de halles et de bouges,
> Tas sombre de haillons saignant de bonnets rouges (v. 103-108).

LA DÉVALORISATION DU LYRISME

D'autres poèmes en revanche s'emploient à dévaloriser les principaux thèmes du lyrisme : qu'il s'agisse de l'amour, de l'élégie ou de l'héroïsme guerrier.

1 • Le lyrisme amoureux déconsidéré

• La **passion amoureuse** est un thème lyrique par excellence. Plusieurs poèmes l'évoquent sous différents aspects. « Roman » relate la rencontre amoureuse. « Les Réparties de Nina » se présentent comme une déclaration d'amour. « Première soirée » et « Rêvé pour l'hiver » dépeignent, quant à eux, des préliminaires amoureux.

• À chaque fois, ce qui pourrait donner lieu à une confidence ou à un épanchement lyriques se trouve d'une manière ou d'une autre déprécié et même **ridiculisé**. « Roman » place ainsi la rencontre sous un double signe négatif : par le titre même du poème qui la décrédibilise et, par le premier vers, qui la range parmi une amourette sans intérêt :

> On n'est pas sérieux, quand on a dix-sept ans.

Le poème se donne comme une fiction négligeable.

• La « répartie » finale de Nina : « Et mon bureau ? » (v. 116) montre que celle-ci n'a rien compris des sentiments de son ami, ou qu'elle s'en moque. La déclaration d'amour tombe ainsi à plat. « Première soirée » prend la forme d'un jeu, tout entier dominé par **le rire**. « Rêvé pour l'hiver » n'est précisément qu'un « rêve », qu'une fiction, à laquelle il est impossible de prêter la moindre sincérité.

2 • Le lyrisme élégiaque moqué

• Poème de la tristesse, de la déploration et du deuil, **l'élégie** relève par nature du lyrisme. Par son sujet, le « Bal des pendus » devrait s'y rattacher. Quoi de plus

émouvant en effet que la complainte de condamnés à mort qui viennent d'être exécutés ? François Villon avait su en son temps en tirer de poignants accents : « Frères humains, qui après nous vivez/N'ayez contre nous le cœur endurci... » (« Ballade des pendus »).

• Rimbaud choisit au contraire de faire entendre un **immense rire diabolique** : « Hurrah ! Les gais danseurs, qui n'avez plus de panse » (v. 13). L'élégie se trouve mise à distance. Le « gibet noir » devient un « manchot aimable » (v. 1). La « danse macabre » (v. 33) se transforme en un manège endiablé, où

> Bondit dans le ciel rouge un grand squelette fou
> Emporté par l'élan, comme un cheval se cabre (v. 34-35).

3 • Le lyrisme héroïque discrédité

• Par son titre et sous-titre, « L'Éclatante victoire de Sarrebruck remportée aux cris de vive l'Empereur » annonce une ode à la gloire de Napoléon III. L'ode est en effet un court poème destiné à célébrer un héros. Or tout le poème contredit le titre. L'Empereur chevauche un « dada » (v. 2). Les soldats deviennent de simples « pioupious » qui font la sieste (v. 5). Et l'un d'eux, pour honorer le « Chef » lui présente « ses derrières » (v. 14). Le pluriel, fréquent dans les épopées, joue évidemment sur le mot et désigne à la fois l'arrière des troupes et le derrière du soldat. Il est difficile de **déconsidérer** davantage **l'héroïsme lyrique**.

• Ce **traitement contradictoire du lyrisme** correspond en définitive à ce qu'est Rimbaud au moment des *Cahiers de Douai*. Celui-ci y cherche encore sa voie. Ce sont des poèmes de jeunesse, dans lesquels il suit encore la tradition mais où déjà s'affirment une originalité et une révolte.

L'ivresse d'aimer

« Les Réparties de Nina », « Première soirée » ou « Roman » sont des poèmes où domine l'ivresse d'aimer : quand on prend conscience qu'on est amoureux, quand on espère ou qu'on se sait être aimé, quand on n'imagine pas de possibles déceptions ou rejets. Cette ivresse, de nombreux poètes l'ont chantée au cours des siècles, chacun à sa façon, selon ses rêves, ses désirs ou son expérience personnelle. De Louise Labé, au XVIe siècle, à Apollinaire, au XXe siècle, en passant par Hugo et Baudelaire, au XIXe siècle, voici des poèmes vibrant de passion.

DOCUMENT 1

LOUISE LABÉ, *Sonnets* (1555) ♦ **« Je vis, je meurs… »**, in *Œuvres*, édition de C .J. Ruolz, Lyon, 1762, Duplain (orthographe modernisée)

Née à Lyon, Louise Labé (vers 1524-1566) est la fille d'un riche artisan cordier. Célébrée par Ronsard, critiquée par les moralistes, choqués par sa peinture de l'amour, Louise Labé est l'une des plus grandes poétesses de son temps. Chez elle, l'amour est une ivresse physique, aux effets contradictoires, qui n'exclut toutefois pas l'angoisse de ne plus être aimée.

Je vis, je meurs ; je me brûle et me noie.
J'ai chaud extrême en endurant froidure[1] ;
La vie m'est et trop molle et trop dure.
J'ai grands ennuis entremêlés de joie.

Tout à un coup je ris et je larmoie[2],
Et en plaisir maint grief tourment[3] j'endure ;
Mon bien s'en va, et à jamais il dure.
Tout en un coup je sèche et je verdoie[4].

Ainsi Amour inconstamment[5] me mène.
Et quand je pense avoir plus de douleur,
Sans y penser je me trouve hors de peine.

Puis quand je crois ma joie certaine,
Et être au haut de mon désiré heur[6],
Il me remet en mon premier malheur.

1. Froidure : froid.
2. Je larmoie : je pleure
3. Maint grief tourment : de nombreux et douloureux déchirements.
4. Je verdoie : je reprends vigueur.
5. Inconstamment : de manière changeante.
6. Heur : bonheur.

DOCUMENT 2

VICTOR HUGO, *Les Chants du crépuscule* (1835) ♦ **« Puisque j'ai mis ma lèvre... »,** XXV

En 1835, Hugo a trente-trois ans (1802-1885). Depuis deux ans, il entretient une liaison avec la comédienne Juliette Drouet (1806-1883). Ce nouveau bonheur l'enivre au point de défier le temps. Par-delà les disputes, Juliette Drouet sera la compagne de sa vie jusqu'à la mort de celle-ci.

Puisque j'ai mis ma lèvre à ta coupe encor pleine ;
Puisque j'ai dans tes mains posé mon front pâli ;
Puisque j'ai respiré parfois la douce haleine
De ton âme, parfum dans l'ombre enseveli ;

Puisqu'il me fut donné de t'entendre me dire
Les mots où se répand le cœur mystérieux ;
Puisque j'ai vu pleurer, puisque j'ai vu sourire
Ta bouche sur ma bouche et tes yeux sur mes yeux ;

Puisque j'ai vu briller sur ma tête ravie
Un rayon de ton astre, hélas ! voilé toujours ;
Puisque j'ai vu tomber dans l'onde de ma vie[1]
Une feuille de rose arrachée à tes jours ;

Je puis maintenant dire aux rapides années :
– Passez ! passez toujours ! je n'ai plus à vieillir !
Allez-vous-en avec vos fleurs toutes fanées ;
J'ai dans l'âme une fleur que nul ne peut cueillir !

Votre aile en le heurtant ne fera rien répandre
Du vase où je m'abreuve et que j'ai bien rempli.
Mon âme a plus de feu que vous n'avez de cendre !
Mon cœur a plus d'amour que vous n'avez d'oubli !

---

1. L'onde de ma vie : l'expression est métaphorique ; Hugo compare sa vie à un fleuve, à l'onde, qui s'écoule.

DOCUMENT 3

CHARLES BAUDELAIRE, *Les Fleurs du mal* (1857) ♦ Spleen et idéal, **« L'Invitation au voyage »**

« Aimer à loisir », c'est pour Baudelaire rêver, voyager en pensée, inventer un paradis où l'amour pourra s'épanouir. Son ivresse est tout à la fois sensuelle et musicale.

Mon enfant, ma sœur[1],
Songe à la douceur
D'aller là-bas vivre ensemble !
Aimer à loisir,
Aimer et mourir
Au pays qui te ressemble !
Les soleils mouillés
De ces ciels[2] brouillés
Pour mon esprit ont les charmes
Si mystérieux
De tes traîtres yeux,
Brillant à travers leurs larmes.

Là, tout n'est qu'ordre et beauté,
Luxe, calme et volupté.

Des meubles luisants,
Polis par les ans,
Décoreraient notre chambre ;
Les plus rares fleurs
Mêlant leurs odeurs
Aux vagues senteurs de l'ambre[3],
Les riches plafonds,
Les miroirs profonds,
La splendeur orientale,
Tout y parlerait
À l'âme en secret
Sa douce langue natale.

1. Ma sœur : pour Baudelaire, la femme aimée est la « sœur d'élection », l'autre soi-même.
2. Ciels (et non cieux) : ce pluriel appartient au vocabulaire technique de la peinture pour désigner les manières dont un peintre peint le ciel, les nuages. On parle ainsi des ciels de Van Gogh ou de Vermeer.
3. Ambre : parfum très précieux.

Là, tout n'est qu'ordre et beauté,
Luxe, calme et volupté.

Vois sur ces canaux
Dormir ces vaisseaux
Dont l'humeur est vagabonde ;
C'est pour assouvir
Ton moindre désir
Qu'ils viennent du bout du monde.
— Les soleils couchants
Revêtent les champs,
Les canaux, la ville entière,
D'hyacinthe[1] et d'or ;
Le monde s'endort
Dans une chaude lumière.

Là, tout n'est qu'ordre et beauté,
Luxe, calme et volupté.

DOCUMENT 4

ARTHUR RIMBAUD, *Les Cahiers de Douai* (1870) ♦ **« Roman »**, p. 65

Si, d'après Rimbaud, « on n'est pas sérieux quand on a dix-sept ans », on a du moins le cœur et la tête pleins de rêves, de désirs. Tout est si gai en juin. Une jeune passante, croisée par hasard, suffit à s'enivrer. « Le cœur fou Robinsonne ».

DOCUMENT 5

GUILLAUME APOLLINAIRE, « Scène nocturne du 22 avril 1915 », in *Poèmes à Lou*
© Éditions Gallimard

Le « 22 avril 1915 », Apollinaire (1880-1918) combat sur le front en Champagne. Depuis quatre mois, il est l'amant de « Lou », Louise de Colligny-Châtillon (1881-1963), rencontrée à Nice avant son départ pour la guerre. Comment ne penserait-il pas à elle ? La guerre, la proximité de la mort donne à son ivresse une forte intensité, où il faut dire les choses, même les plus intimes, avant qu'il ne soit trop tard. Leur liaison sera aussi passionnée que brève.

1. **Hyacinthe** : pierre fine (ou étoffe) d'un jaune rougeâtre.

SCÈNE NOCTURNE DU 22 AVRIL 1915

GUI CHANTE POUR LOU[1]

Mon ptit Lou adoré Je voudrais mourir un jour que tu m'aimes
Je voudrais être beau pour que tu m'aimes
Je voudrais être fort pour que tu m'aimes
Je voudrais être jeune jeune pour que tu m'aimes
Je voudrais que la guerre recommençât pour que tu m'aimes
Je voudrais te prendre pour que tu m'aimes
Je voudrais te fesser pour que tu m'aimes
Je voudrais te faire mal pour que tu m'aimes
Je voudrais que nous soyons seuls dans une chambre d'hôtel à Grasse pour que tu m'aimes
Je voudrais que nous soyons seuls dans mon petit bureau près de la terrasse couchés sur le lit de fumerie[2] pour que tu m'aimes
Je voudrais que tu sois ma sœur pour t'aimer incestueusement
Je voudrais que tu eusses été ma cousine pour qu'on se soit aimés très jeunes
Je voudrais que tu sois mon cheval pour te chevaucher longtemps longtemps

Je voudrais que tu sois mon cœur pour te sentir toujours en moi
Je voudrais que tu sois le paradis ou l'enfer selon le lieu où j'aille
Je voudrais que tu sois un petit garçon pour être ton précepteur[3]
Je voudrais que tu sois la nuit pour nous aimer dans les ténèbres
Je voudrais que tu sois ma vie pour être par toi seule
Je voudrais que tu sois un obus boche[4] pour me tuer d'un soudain amour

1. **Gui** : abréviation de Guillaume ; **Lou** : abréviation de Louise.
2. **Lit de fumerie** : lit sur lequel on fume de l'opium.
3. **Précepteur** : professeur particulier.
4. **Boche** : allemand (péjoratif).

DOCUMENT 6

LOUIS ARAGON, « Voilà trente ans que je suis à tes pieds… » in *Elsa*, © Éditions Gallimard

En 1928, Louis Aragon (1897-1982) rencontre Elsa Triolet. Leur couple deviendra mythique. Son recueil, Elsa *(1959), est une louange à sa compagne.*

[…]
Qu'est-ce que mon âme a dit quand tu l'as dépouillée ainsi de sa gaine
Quand tu l'as modelée à ta semblance[1]
Quand j'ai su dans tes bras que j'étais un être humain
Quand j'ai cessé de feindre et de ricaner pour être moi-même au toucher de ta main
Prenez ces livres de mon âme ouvrez-les partout n'importe où
Brisez-les pour mieux en comprendre
Et le parfum et le secret
Coupez d'un doigt brutal les pages
Froissez-les et déchirez-les
On n'en retiendra qu'une chose
Un seul murmure un seul refrain
Un regard que rien ne repose
Un long merci qui balbutie
Ce bonheur comme une prairie
Enfant-Dieu mon idolâtrie
L'Ave[2] sans fin des litanies[3]
Ma perpétuelle insomnie
Ma floraison mon embellie
Ô ma raison ô ma folie
Mon mois de mai ma mélodie
Mon paradis mon incendie

Mon univers Elsa ma vie

1. Semblance : ressemblance.
2. Ave : premier mot latin d'une prière catholique à la vierge Marie : « Ave Maria ».
3. Litanies : prières religieuses comportant la même reprise (« ave ») répétée sans fin.

L'écriture de l'exclusion | SUJET D'ÉCRIT 1 |

Objet d'étude : La poésie du XIXe au XXe siècle : du romantisme au surréalisme.

DOCUMENTS

- **HUGO,** *Les Contemplations* (1856), III, 2 **« Melancholia »** → DOC 4, p. 91.
- **BAUDELAIRE,** *Le Spleen de Paris* (1869), **« Les Yeux des pauvres »** → DOC 6, p. 94.
- **RIMBAUD,** *Une saison en enfer* (1873), **« Mauvais sang »** → DOC 1, p. 86.

QUESTIONS SUR LE CORPUS

1 Qui sont les exclus dans ces trois textes ?

2 Quels registres chacun des trois poètes choisit-il pour dénoncer l'exclusion ?

TRAVAUX D'ÉCRITURE

Commentaire (séries générales)

Vous ferez le commentaire du poème de Baudelaire « Les Yeux des pauvres » (DOC 6).

Commentaire (séries technologiques)

Vous ferez le commentaire du poème de Victor Hugo, « Melancholia » (DOC 4), en vous aidant des pistes de lecture suivantes : vous montrerez que ce texte est construit sur une double image contradictoire du travail ; vous étudierez la manière dont s'exprime la violence du texte.

Dissertation

Pensez-vous que la poésie doive se préoccuper de questions sociales ou politiques ? Vous répondrez à cette question de façon précise en vous appuyant sur des exemples précis.

Écriture d'invention

Imaginez une scène ou vous êtes confronté à une forme d'exclusion à laquelle vous ne vous attendiez pas. Vous pouvez être, au choix, l'objet ou le témoin de cette exclusion.

L'écriture de la passion amoureuse

| SUJET D'ÉCRIT 2 |

Objet d'étude : Écriture poétique et quête de sens, du XVIe siècle à nos jours.

DOCUMENTS

- **LOUISE LABÉ,** *Sonnets* (1555), **« Je vis, je meurs... »** → DOC 1, p. 131.
- **HUGO,** *Les Chants du crépuscule* (1835), **« Puisque j'ai mis ma lèvre... »** → DOC 2, p. 132.
- **APOLLINAIRE,** *Poèmes à Lou* (1955), **« Scène nocturne du 22 avril 1915 »** → DOC 5, p. 134.

QUESTIONS SUR LE CORPUS

1 Comment s'exprime, dans chacun de ces trois textes, l'ivresse d'aimer ?

2 Quels registres chacun de ces trois poètes choisit-il pour se dire amoureux ?

TRAVAUX D'ÉCRITURE

Commentaire (séries générales)

Vous ferez le commentaire du poème d'Apollinaire (DOC 5).

Commentaire (séries technologiques)

Vous ferez le commentaire du poème de Louise Labé, « Je vis, je meurs... » (DOC 1), en vous aidant des pistes de lecture suivantes : vous étudierez le jeu lexical des oppositions ; vous montrerez comment le trouble amoureux s'accentue de strophe en strophe.

Dissertation

Pourquoi d'après vous la poésie parle-t-elle tant d'amour ? Vous répondrez à cette question de façon organisée en vous appuyant sur des exemples précis.

Écriture d'invention

Dans une lettre à un ami amoureux de la littérature, vous raconterez combien la lecture des poèmes du corpus a pu vous vous exalter.

Petit manège de séduction | SUJET D'ORAL 1 |

• **ARTHUR RIMBAUD**, *Les Cahiers de Douai*, **« La Maline »**, p. 77.

PROBLÉMATIQUE

Le poète, qui est en fugue, est heureux de pouvoir se reposer et se restaurer dans un café quand survient la servante qui essaie de le séduire. Comment s'y prend-elle sous le regard amusé du poète ?

ORGANISATION DU POÈME

De structure classique, ce sonnet déstructure l'alexandrin en en brisant le rythme par de fréquents rejets.
Le premier quatrain décrit l'installation du poète dans « la salle à manger ».
Le second quatrain décrit la silhouette de la servante.
Le premier tercet s'attarde sur la gestuelle de celle-ci.
Le second tercet décrit la tentative de la servante pour se faire embrasser.

QUESTION

Quel sens donner au titre du poème ?

Pour vous aider à répondre

Le substantif du titre se retrouve sous forme d'adverbe au vers 8. Rimbaud joue sur les sens du mot « maline ».

COMME À L'ENTRETIEN

1 Quelle remarque peut-on faire sur le mot « met » (v. 3) ?

2 Que suggère le vers 8 ?

3 Quelles sont les réactions du poète au manège de la servante ?

Un meuble mystérieux | SUJET D'ORAL 2 |

• **ARTHUR RIMBAUD**, *Les Cahiers de Douai*, **« Le Buffet »**, p. 80.

PROBLÉMATIQUE

Comment un objet, en l'occurrence ici un meuble, devient-il le dépositaire, le réceptacle, de vies envolées ?

ORGANISATION DU POÈME

Ce poème est un sonnet, composé de deux quatrains et de deux tercets.
Le premier quatrain décrit l'extérieur du buffet.
Le second quatrain en évoque l'intérieur tout en « fouillis » (v. 5).
Le premier tercet développe l'idée que ce « fouillis » recèle bien des mystères.
Le second tercet en apporte la confirmation par une invocation au « buffet du vieux temps » (v. 12).

QUESTION

Comment s'exprime l'ancienneté du buffet ?

Pour vous aider à répondre
Par le champ lexical de la vieillesse et le contenu du buffet.

COMME À L'ENTRETIEN

1 Qu'est-ce qui active la mémoire du poète-observateur dans le premier quatrain ?

2 Pourquoi le verbe « trouverait » (v. 9) est-il au conditionnel présent ?

3 Pourquoi le poète utilise-t-il des redondances comme « vieilles vieilleries (v. 5) ou « conter des contes » (v. 13) ?

Peintres et artistes maudits

PRÉSENTATION DU THÈME

• En 1884, Verlaine publie *Les Poètes maudits*, où Rimbaud figure en bonne place. Ces « poètes maudits » sont des marginaux, incompris de la société, menant une existence souvent misérable, parfois se droguant et mourant jeunes. Mais ce sont des poètes de génie, qui laissèrent derrière eux une œuvre capitale, reconnue comme telle bien après leur mort.

• Il en va des peintres et des artistes comme des poètes. Certains d'entre eux furent également ignorés voire méprisés de leur vivant et oublièrent leur misère matérielle ou morale dans l'alcool ou la drogue. Tous les pays et presque toutes les périodes en connurent. Mais, comme les poètes, ces « maudits » ont marqué de leur exceptionnel talent l'histoire de la peinture – au point que certains de leurs tableaux s'achètent aujourd'hui des dizaines de millions de dollars !

• Aussi l'iconographie du volume est-elle internationale : deux tableaux hollandais, un troisième français, un quatrième italien, un cinquième mexicain et un dernier afro-américain. Chacun d'eux représente à sa façon une œuvre majeure de leur auteur qui fit et fait encore date.

PRÉSENTATION DES IMAGES

Champ de blé aux corbeaux **(1890)** → 2e de couverture et lecture de l'image p. 143

• AUTEUR : Vincent van Gogh (1853-1890), peintre hollandais ayant longtemps vécu en France ♦ TECHNIQUE : huile sur toile.

• Ce tableau est sans doute le plus célèbre de Van Gogh, et l'un des plus émouvants. C'est en effet le dernier qu'il peignît avant de se suicider.

Monsieur Boileau **(1893)** → image p. I et lecture de l'image p. 143

• AUTEUR : Henri de Toulouse-Lautrec (1864-1901), peintre français ♦ TECHNIQUE : gouache.

• Descendant d'une des plus vieilles familles de France, le comte Henri de Toulouse-Lautrec, atteint d'une maladie des os aggravée par de fréquentes chutes, fut un homme de très petite taille, mesurant 1m52. Familier des cabarets de Montmartre, du Moulin-Rouge et des maisons de prostitutions (alors légales et nombreuses), il fut peintre, dessinateur et affichiste. Connu pour ses tableaux de la vie nocturne de Montmartre et ses affiches publicitaires, il s'est imposé par sa technique graphique et l'expressivité de ses personnages. *Monsieur Boileau* est l'un des rares tableaux qu'il ait consacrés à la bourgeoisie ; d'où son intérêt.

L'Âge mûr (vers 1902) → image p. II

• AUTEUR : Camille Claudel (1864-1943), sculptrice et peintre française ♦ TECHNIQUE : sculpture, bronze.

• En 1883, à l'âge de 26 ans, Camille Claudel fait la connaissance du sculpteur Auguste Rodin, marié et alors de 20 ans son aîné. Au terme de leur tumultueuse liaison, Claudel réalise dès 1895 cette sculpture à la fois réaliste et expressionniste. L'artiste y témoigne du terrible abandon de Rodin qui préfère retourner auprès de son épouse et que la jeune femme implore ici à genoux. Camille Claudel sombrera plus tard dans la folie et sera internée à partir de 1913.

Autoportrait (1919) → image p. III

• AUTEUR : Amedeo Modigliani (1884-1920), peintre et sculpteur italien, ayant vécu à Paris ♦ TECHNIQUE : huile sur toile.

• Principal représentant du mouvement figuratif du début du XXe siècle, il peignit de très nombreux nus. Sous l'influence de Picasso et de l'art africain, il allonge les corps de ses personnages. Cet autoportrait est l'une de ses dernières œuvres. Toxicomane et alcoolique, il meurt à Paris d'une méningite tuberculeuse.

Autoportrait au collier d'épines et au colibri (1940) → 3e de couverture et lecture de l'image p. 144

• AUTEUR : Frida Kahlo (1907-1954), peintre mexicaine ♦ TECHNIQUE : huile sur toile.

• De santé fragile, atteinte de poliomyélite à l'âge de six ans, victime d'accidents, Frida Kahlo eut une vie douloureuse. Défenseur inlassable de la culture mexicaine, elle s'adonne à une peinture à la fois réaliste et subjective.

Autoportrait (Self-Portrait as a Heel) (1982) → image, p. IV

• AUTEUR : Jean-Michel Basquiat (1960-1988), peintre et graffiteur afro-américain ♦ TECHNIQUE : acrylique et huile sur toile.

• Peintre d'avant-garde populaire, il est le pionnier de la mouvance dite « Underground », c'est-à-dire d'une contre-culture. Son style est percutant, nerveux et violent. Ses autoportraits ressemblent souvent à des masques plus ou moins ricaneurs. Familier du peintre Andy Warhol, il meurt, vraisemblablement d'une overdose, à 28 ans laissant derrière lui, malgré sa brève carrière, quelque huit cents tableaux et mille cinq cents dessins.

LECTURE DES IMAGES

Paysage et état d'âme | LECTURE 1 |

• **Vincent Van Gogh (1853-1890), *Champ de blé aux corbeaux*** (1890) → 2e de couverture

Les paysages de champs de blé sont généralement optimistes : ils sont en effet synonymes d'été, de soleil et d'abondance. Rien de tel ici. Le vent souffle, le chemin conduit vers un ciel qui s'obscurcit et un vol de corbeaux, de sinistre augure. C'est l'œuvre d'un être tourmenté. Ce paysage extériorise une souffrance intime. Elle est composée en juillet 1890. Le 27, Van Gogh se tire une balle dans la tête ; il n'en meurt pas immédiatement, mais deux jours plus tard, le 29. Il est inhumé dans le petit cimetière d'Auvers-sur-Oise.

Questions

1 Quelles sont les composantes du tableau ?

2 Comment s'organise le paysage ?

3 Quelle signification peut revêtir la présence des corbeaux ?

La satire de la bourgeoisie | LECTURE 2 |

• **Henri de Toulouse-Lautrec (1864-1901), *Monsieur Boileau*** (1893) → image p. I

Le peintre aimait trop fréquenter les prostituées et les cabarets pour apprécier la bourgeoisie de son époque, qui le méprisait (lui, le descendant d'une des quatre plus vieilles familles de France !). Son portrait de monsieur Boileau exprime toute la suffisance, toute l'autosatisfaction du bourgeois riche et repu.

Questions

1 Quelles sont les composantes du tableau ?

2 Comment se traduit la satisfaction béate de « monsieur Boileau » ?

3 Quels éléments datés le tableau contient-il ?

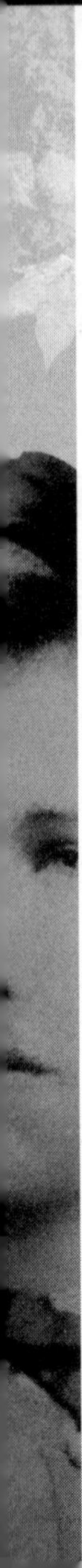

Un autoportrait original | LECTURE 3 |

• **Frida Kahlo (1907-1954), *Autoportrait au collier d'épines et au colibri*** (1940)
→ 3e de couverture

Comme tout autoportrait, celui de Frida Kahlo se donne à voir et cherche à se voir, à se comprendre. Son originalité réside moins dans l'exactitude physique du portrait (qu'une photographie pourrait traduire tout aussi bien, voire mieux) que dans sa mise en scène.

Questions

1 Quelles sont les composantes de ce tableau ?

2 Quelles couleurs prédominent ?

3 Que peut bien signifier la présence du « collier » ?

Index des poèmes

R

S • V

Table des illustrations

■ En 2e et 3e de couverture

Vincent Van Gogh, *Champ de blé aux corbeaux* (1890). Huile sur toile, 50,5 x 103 cm, Amsterdam, musée Van Gogh. ph © Artothek/La Collection

Frida Kahlo, *Autoportrait au collier d'épines et au colibri* (1940). Huile sur toile, 63,5 × 49,5 cm, collection Nicholas Murray, centre Harry Ransom, Université d'Austin, Texas. © 2018 Banco de México Diego Rivera Frida Kahlo Museums Trust, Mexico, D.F./Adagp, Paris – ph © Erich Lessing/Akg-Images

■ Dans les pages de début

■ Dans l'encart en couleurs, au centre du livre

Notes

....

....

....

....

....

....

....

....

....

....

....

....

....

....

....

....

....

....

....

....

....

....

....

....

....

....
....
....
....
....
....
....
....
....
....
....
....
....
....
....
....
....
....
....
....
....
....
....
....
....

....

....

....

....

....

....

....

....

....

....

....

....

....

....

....

....

....

....

....

....

....

....

....

....

....

21 Hugo
Ruy Blas

8 Jarry
Ubu roi

5 Laclos
Les Liaisons dangereuses

14 Lafayette (Mme de)
La Princesse de Clèves
La Princesse de Montpensier

103 Lafayette (Mme de)/Tavernier
La Princesse de Montpensier,
Spécial Bac Tle L

70 La Fontaine
Fables VII, VIII, IX
suivi d'une anthologie sur la fable

78 Laroui
De quel amour blessé

75 Marivaux
Les Acteurs de bonne foi

46 Marivaux
L'Île des Esclaves

12 Marivaux
Le Jeu de l'amour et du hasard
L'Épreuve

30 Maupassant
Bel-Ami

107 Maupassant
Boule de Suif suivi d'une anthologie
sur **la nouvelle au XIXe siècle**

52 Maupassant
Le Horla et autres
nouvelles fantastiques

18 Maupassant
Nouvelles

27 Maupassant
Pierre et Jean suivi de
trois nouvelles réalistes

40 Maupassant
Une vie et autres **récits**
de destins de femmes

48 Mérimée
Carmen
Les Âmes du purgatoire

1 Molière
Dom Juan
suivi d'une anthologie
sur **le mythe de Don Juan**

19 Molière
L'École des femmes
La Critique de l'École
des femmes

99 Molière
Les Femmes savantes
suivi d'une anthologie **sur la condition**
des femmes

25 Molière
Le Misanthrope et autres textes
sur **l'honnête homme**

9 Molière
Le Tartuffe ou l'Imposteur
Lettre sur la comédie
de l'Imposteur

86 Montaigne
Essais
et autres textes
sur **la question de l'homme**

45 Montesquieu
Lettres persanes
suivi d'une anthologie sur
la figure de l'étranger en littérature

81 Musset
Les Caprices de Marianne

10 Musset
Lorenzaccio et autres textes
sur **la question politique**

98 Musset
On ne badine pas avec l'amour
suivi d'une anthologie sur
le drame romantique

35 **La poésie**
française au XIXe siècle
(anthologie)

26 Rabelais
Pantagruel
Gargantua

31 Racine
Andromaque suivi d'une
anthologie sur **les héroïnes tragiques**

Conception graphique de la maquette: c-album, Jean-Baptiste Taisne et Rachel Pfleger; Studio Favre & Lhaïk; dossier: Lauriane Tiberghien • Mise en pages: Chesteroc Ltd • Suivi éditorial: Charlotte Monnier.

Achevé d'imprimer par Grafica Veneta à Trebaseleghe - Italie
Dépôt légal : 04696-2/01 - mars 2018